KB037768

이러려고 열심히 계획 세웠나
자괴감 들고 괴로운 당신이 봐야 할 습관책

30 Days - Change your habits, Change your life
By Marc Reklau

Originally published in 2014 by CreateSpace Independent Publishing, USA.
Korean translation rights arranged with Marc Reklau, Spain
and FANDOMBOOKS, Korea through PLS Agency, Korea.
Korean edition published in 2015 by FANDOMBOOKS, Korea.

이 러 려 고
열   심   히
계 획 세 웠 나

자 괴 감 들 고
괴   로   운
당신이 봐야 할

습관책

팬덤북스

Prologue

"당신이 할 수 있다고 생각하면 할 수 있고, 할 수 없다고 생각하면 할 수 없다."
- 헨리 포드

주위를 둘러보라. 무엇이 보이는가? 당신의 주변 환경과 분위기, 주변 사람들을 살펴보라. 직업, 건강, 친구, 주변 사람들 등 현재 당신의 생활 조건에 대해 생각해 보라. 당신에게 어떤 모습으로 비치는가? 눈에 보이는 모습들이 만족스러운가?

당신의 내면도 한번 살펴보자. 지금 이 순간 당신은 어떤 기분인가? 당신의 인생에 만족하는가? 아니면 좀 더 많은 것을 열망하는가? 당신은 행복과 성공을 얻을 것이라고 믿는가? 지금은 없지만, 당신의 인생이 행복하다거나 성공적이라고 말하기 위해 꼭 필요한 것은 무엇이라고 생각하는가? 왜 몇몇 사람들만 모든 것을 가지고 다른 사람들은 아무것도 없다고 여겨지는가?

대부분의 사람들은 지금 가지고 있는 것을 어떻게 소유하게 되었는지 모른다. 우리 중 일부는 단지 운명과 기회 탓이라고만 한다. 일단 당신에게 이런 말을 하게 되어 참으로 유감스럽다.

"미안하네, 친구! 당신이 지금 살고 있는 인생은 바로 자신이 만든 거야! 일부러 만들었든, 아니면 무심코 가만히 두었는데 저절로 되었든, 결국 자신에게 일어나는 모든 일들은 스스로 만든 것들이야. 운명이나 환경에 의한 결과가 아니라네."

너무나도 많은 사람들이 생활을 개선하고, 더 행복해지고, 더 부유해지기를 열망한다. 하지만 그들의 말에 의하자면, 그렇게 되는 유일한 길은 복권에 당첨되거나, 부유한 사람과 결혼하거나, 기타 다른 행운을 잡는 등의 기적밖에 없다. 사람들은 기적이 일어나지 않고서는 도저히 불가능하다고 믿는다. 그래서 나는 이 책을 쓰기로 결심했다.

사람들은 우연히 발생하여 모든 것을 변화시키는 아주 강력한 외부적 영향력을 찾고 있었다. 그들에게 인생이란 어쩌다 단순히 자신에게 주어진 것에 불과했다. 대부분은 매일 매 순간 자신들의 인생을 전체적으로 통제가 가능하다는 사실을 모르고 있었다. 그저 공상만 하고, 매일 해 왔던 일만 계속하며, 뭔가 기적과 같은 결과만을 기다렸다. 심지어 실제로 자신이 원하는 바가 무엇인지 모르는 사람들도 있었다! 다음은 내가 실제로 경험한 대화 내용이다.

Q : "당신에게 충분한 시간과 돈이 있다면 무엇을 하시겠습니까?"

A : "와우! 대단히 좋겠군요! 아주 행복할 거예요!"

Q : "당신에게 '행복하다'는 어떤 의미인가요?"

A : "제가 원하는 모든 것을 하는 것이요!"

Q : "당신이 원하는 모든 것은 무엇입니까?"

A : "오! 지금은 모르겠는데요. 정말 모르겠어요!"

진짜 비극은 지금 하는 일들을 한순간에 모두 멈추고 나서야 비로소 인생에서 진정으로 원하는 것이 무엇인지 자신에게 물어본다는 점이다. 그제야 자신의 목표를 적어 보고, 목표를 향해 노력하고, 실제로 기적들이 일어나도록 애쓴다. 나는 매일 고객들에게서 그런 모습을 발견한다.

사람들은 자신들의 삶에서 무언가를 바꾸고 싶어서 나를 찾아온다. 그들은 가만히 앉아 기다리며 보다 나은 인생을 꿈꾸기보다는 실제로 자신의 문제를 해결하고 행동으로 옮긴다. 그 결과는 실로 엄청나다! 스스로 선택한 인생을 당신이 이끌고 있다는 사실을 기억하라!

우리는 자신의 생각과 믿음, 기대를 통해 인생의 매 순간을 창조한다. 우리의 마음은 너무나도 강력하여 요구하는 바를 가져다줄 것이다. 오로지 당신이 원하는 것을 자신에게 가져다주기 위해 마음을 단련시킬 수 있다! 그보다 훨씬 좋은 점도 있다. 지금껏 자신이 통제할 수 없었던 것을 좀 더 효율적이고 덜 고통스러운 방식으로 다루는 법을 배울 수 있다는 것이다.

지금까지 나는 성공 이론과 행복해지는 법에 대해 거의 25년이나 연구해 왔다. 내가 항상 잠재의식적으로 알고 있었던 것들이 여러 도구와 코칭 연습을 통해 구조화된 방법으로 다시 태어났다. 연구를 거듭할수록 성공은 계획되고 만들어질 수 있다는 생각이 점점 확고한 확신으로 바뀌어 갔다.

이 모든 것이 단지 형이상학적인 난센스라고 생각하는 회의론자들에게 하고 싶은 말이 있다. 25년 전에는 증명된 적 없이 단순히 믿을 수밖에 없었던 많은 일들이 엄청난 과학적 진보와 함께 지금은 얼마나 명백하게 밝혀졌는지 한번 살펴보라고 말해 주고 싶다.

이 책에서 가장 중요한 메시지는 당신의 행복은 다른 어떤 사람도 아닌 바로 당신에게 달려 있다는 것이다! 지속적으로 반복 연습을 한다면 당신이 상상도 못 할 정도로 인생을 개선할 수 있는 몇 가지 증명된 팁과 기술, 연습 방법을 소개하고자 한다. 보다 좋은 소식이라면 행복해지기 위해 복권에 당첨될 필요가 없다는 정도가 되겠다.

생활 속에서 지속적이고 일관된 방식으로, 예전과는 조금 다르게 당신의 작은 행동들을 수정해 나가는 것부터 시작하면 된다. 시간이 흐를수록 나타나는 결과들이 모든 것을 증명해 줄 것이다. 내가 코칭하는 고객들이 믿을 수 없는 결과를 달성했던 것은 새로운 습관을 만들고, 목표를 향해 시종일관 노력하며, 매일 자신의 목표에 조금씩 더 다가가기 위해 애쓴 덕분이다. 분명 가능하다! 당신은 할 수 있다! 그럴 만한 자격이 있다!

단순히 책을 읽는 것만으로는 많은 도움이 되지 않는다. 반드시 행동을 취해야 한다! 이것이 가장 중요한 점이면서, 아주 오래전에 내가 가장 힘들게 고군분투했던 부분이기도 하다. 당신은 책 속의 연습들을 실행하고 훈련하고 새로운 습관으로 만들어 자신의 생활 속으로 들여와야 한다.

호기심이 많다면 연필과 공책을 들고 메모를 해 가며 전체 책을 한 번 읽어 보라. 그리고 한 번 더 읽어라. 이번에는 실력이 평가되는 시간이다. 연습도 좀 해 보고, 차츰 생활 속으로 새로운 습관을 끌어들이기 시작하라. 책에 있는 연습을 규칙적이고 일관되게 이행한다면 당신의 인생은 보다 나은 방향으로 변할 것이다!

성공 코칭과 신경 언어 프로그래밍 분야의 전문가들은 새로운 습관을 만들려면 최소 21~30일이 소요된다고 한결같이 말한다. 인생에서 변화를 만들어 가는 데 30일이면 족하다. 일관되고 지속적인 30일간의 노력만으로도 당신은 자신의 인생을 완전히 바꿔 놓을 수 있다. 그렇게 되지 못하더라도 최소한 당신을 더 나은 위치에 올려놓을 것이다.

한번 시도해 보라! 최소 30일 동안은 연습을 지속하라. 우선 당신에게 쉬운 연습을 먼저 해 보라. 만일 도움이 되지 않는다면 당신의 불편한 사항을 적어서 내게 이메일로 보내 주기 바란다.

마크 레클라우

marc@marcreklau.com

Contents

Contents

Change your habit,
Change your life.

당신의 이야기를
다시 써라

"사물을 바라보는 방식을 바꾸면 사물도 변한다."
- 웨인 W. 다이어

내가 이 아이디어를 맨 처음 접한 건 25년쯤 전에 읽은 제인 로버츠의 책《육체가 없지만 나는 이 책을 쓴다 Seth speaks》를 통해서였다. 책에 등장하는 세스는 '당신은 당신 이야기의 작가이자 감독이고 주연 배우'라고 말한다. 이야기 전개 방식이 마음에 들지 않으면 그냥 바꾸면 된다! 당시 나는 이 말을 단순히 기운을 북돋아 주는 하나의 아이디어쯤으로 생각했다. 하지만 한번 시도해 보고 난 후 지금까지 좋을 때나 나쁠 때나 이 말을 따라 살아가고 있다.

당신의 과거는 아무런 상관이 없다. 당신의 미래가 깨끗하면 그만이다! 당신은 스스로를 재창조할 수 있다! 하루하루가 새로운 삶을 시작할 기회와 함께 찾아온다! 매 순간마다 당신은 자신의 정체성을 선택할 수 있다. 당신은 자신이 어떤 모습을 갖기를 원하는가? 오늘 이 시간 이후부터 당신이 원하는 모습은 바로 자신에게 달려 있다는 사실을 명심하라.

당신은 어떤 일을 하려고 하는가? 만일 책에서 제안하는 일부라도 실행에 옮기고, 새로운 습관을 창조하고, 책에서 설명한 많은 연습들을 실천한다면 차츰 당신의 환경이 변하기 시작한다. 물론 쉬운 일이 아니다. 많은 훈련과 인내심, 지구력도 필요할 것이다. 그러나 반드시 만족스러운 결과가 나온다.

2008년 호셉 펩 과르디올라가 성적 부진으로 우울한 상태였던 FC 바르셀로나의 감독을 맡게 되었다. 그는 경기장에 모인 73,000여 명의 관중과 카탈루냐 TV를 시청하는 수백만 명의 시청자를 향해 취임 연설을 했다.

"우리는 우승을 약속할 수는 없습니다. 우리가 여러분에게 약속하는 것은 노력과 끝까지 밀고 나가는 끈기입니다. 좌석 벨트를 매십시오. 우리 모두 한바탕 흥겹게 놀아 봅시다."

과르디올라의 연설은 115년 클럽 역사상 가장 성공적인 기간을 알리는 신호탄이었다. 그러한 일이 다시 한 번 반복될 것이라고 생각하는 사람들은 거의 없다. 팀은 연이어 내셔널 챔피언십 3번, 내셔널컵 2번, 스페니시 슈퍼컵 3번, 유러피언 슈퍼컵 2번, 챔피언스 리그 2번, 월드 클럽 챔피언십 2번을 우승하며 4년 동안 세계 축구계를 주름잡았다. 그들은 자신의 역사를 다시 썼다.

이제 당신 차례이다. 무언가에 노력하고, 끈질기게 끝까지 매달려라! 절대로 포기하지 말라! 좌석 벨트를 매고 신나게 놀아 보라!

☐
☐
☐
☐
☐
☐
☐

자기 수양과 약속

"우리를 침대 밖으로 나가게 하는 것은 기질이며, 행동하게 하는 것은 약속이고,
끝까지 완수하게 만드는 것은 훈련이다."
- 지그 지글러

사실상 미래의 성공을 위한 초석이 되는 첫 번째 내용이다. 성공과 행복으로 가는 길은 당신의 의지력과 책임에 깊이 관련되어 있다. 이러한 인격적인 특징은 당신이 말한 대로 행동할지 여부를 결정한다. 결정에 따라 당신은 실행하고 경험한다. 심지어 모든 환경이 당신에게 불리해 보일 때도 목표를 향하여 계속해서 나아가게 한다.

자기 수양은 당신이 해야 하는 일은 내키지 않아도 반드시 하도록 만드는 역할을 한다. 자기 수양을 훈련하고 성공에 대한 의지를 가진다면 당신은 인생에서 큰일을 해낼 것이다. 그렇다고 당장 자기 수양이 절대적으로 부족하더라도 걱정하지 말라. 이 순간부터 당신은 자기 수양과 의지력을 위한 훈련을 바로 시작할 수 있다!

자기 수양은 근육과 같아서 훈련할수록 강해진다. 자기 수양이 부족하다고 생각되면 작은 부분부터 달성 가능한 목표를 설정하여 훈련을 시작하라. 당신이 열망하는 성공에 관해 글로 적어 보고, 당신에게 한계가 없다는 사실을 명심하라. 한계가 있다면 당신이 만들어 놓은 것이다.

최종 목표에 도달하면 당신이 얻게 될 이득을 시각화하라. 예를 들어, 아침 6시에 조깅을 하러 가고 싶지만 도저히 침대 밖으로 나갈 자신이 없다고 하자. 그러면 몸이 당신의 바람대로 건강하게 바뀌면 얼마나 행복할지, 외모는 또 얼마나 멋지게 바뀔지 상상해 보라. 그다음 침대를 박차고 나와 운동복으로 갈아입고 달려 나가라!

제대로 훈련하고자 하는 의지와 규율이 있어야만 이 책이 제대로 효과를 발휘한다! 당신의 말은 어떤 가치를 가지고 있는가? 약속을 진지하게 받아들여라! 약속을 지키지 않으면 에너지를 잃고 명료함도 상실한다. 그로 인해 목표를 향해 가다 혼란을 겪게 된다. 그보다 훨씬 더 나쁜 것은 자신감마저 잃게 되어 결국 자부심에도 심각한 타격을 입는 끔찍한 결과를 가져온다는 점이다! 이를 방지하기 위해서는 당신에게 진정으로 중요한 것이 무엇인지 인식하고, 그러한 가치들과 함께 행동해야 한다.

약속은 선택이다! 진정으로 당신이 원하는 일만 약속하라. 때로는 적게 약속하고 더 많이 '거절'해야 하는 상황도 발생한다. 일단 약속을 하면 어떠한 일이 있어도 반드시 지켜라. 약속에 상응하는 중요성과 가치를 부여하고, 약속을 지키지 않았을 경우 발생하는 결과를 파악하라.

다음 질문에 답해 보라 ─────────────────────

- 현재 당신은 어느 분야에서 자기 수양이 부족한가? 솔직하게 작성하라.

- 자기 수양을 좀 더 한다면 당신에게 어떠한 이점이 있는가?

- 목표 달성을 위한 당신의 첫 단계는 무엇인가?

- 당신이 이행할 행동을 작은 단계로 나누어 적어라. 각 단계에 마감 시한을 설정하라.

• 자기 수양을 좀 더 높인다는 목표의 달성 여부를 어떻게 알 수
  있는가?

당신의 인생을 책임져라

"최고의 능력은 당신의 인생과 당신에게 일어나는 모든 일에 완벽하게 책임질 때 발현된다."
- 브라이언 트레이시

당신의 인생을 책임지는 사람은 오직 단 한 명, 바로 당신 자신이다! 당신의 상사도, 배우자도, 부모도, 친구도, 고객도, 경제도, 날씨도 아니다. 오직 당신이다! 인생에서 일어나는 모든 일에 타인을 탓하는 행위를 멈추는 날, 모든 것은 바뀐다! 당신의 인생을 책임지는 것은 당신의 인생을 감당하는 것이고, 인생의 주인공이 되는 것이다.

환경의 희생자가 되기보다는 당신의 환경을 창조하는 힘을 얻어라. 적어도 당신에게 펼쳐지는 인생 상황에 직면하여 어떻게 행동해야 할지 결정할 힘을 획득하라. 당신의 인생에서 어떠한 일이 일어나는지는 중요하지 않다. 스스로 어떠한 마음가짐을 가지느냐가 핵심이다. 당신이 취하는 마음가짐은 당신의 선택에 달려 있다!

당신이 처한 인생 상황에서 타인에게 책임을 전가한다면 보다 나은 인생을 위해 도대체 어떤 일이 일어나야 할까? 바로 당신 이외의 다른 모든 이들이 변해야만 한다! 그러한 일은 현실에서는 일어나지 않는다. 당신이 주인공이라면 좋아하지 않는 인생 환경을 바꿀 힘을 가지고 있다.

당신은 자신의 생각과 행동과 느낌을 통제할 능력을 가지고 있다. 당신에게는 자신의 말뿐만 아니라 시청하는 TV 시리즈, 함께 시간을 보내는 사람들까지도 바꿀 능력이 있다. 결과가 마음에 들지 않는다면 입력하는 내용, 즉 생각과 감정과 기대를 바꾸라.

단순히 타인에게 반응하는 짓을 멈추고 응답하기 시작하라. 반응은 자동적이다. 반면 응답은 의식적으로 반응할 내용을 선택하는 것이다. 다음은 에리카 종의 말이다.

"당신의 인생을 당신의 통제하에 두면 어떤 일이 일어나는가? 놀라운 것은 더 이상 책임을 돌릴 사람이 없다는 것이다."

	반응적 책임(피해자)	주도적 책임(주인공)
내부적이거나 외부적인 대화	나는 외부적 요소에 의지한다. 나는 어떠한 것도 바꿀 수 없다. 인생은 그냥 내게 주어지는 것이다.	나는 변화를 유발한다. 인생은 주어지지만, 나는 행동을 선택할 수 있다.
초점	나의 외부적 환경. 변명에 초점이 맞춰져 있다. (위기, 나이, '시기가 좋지 않아')	나의 내면. 선택 사항과 선택하는 능력. 성공은 오직 나에게만 달려 있다. (직업 변경 등)
문제	문제에 집중함. 모든 사람들이 틀렸고 나는 옳다. 근거를 찾아다님.	해결책에 집중함. 나는 스스로 제어할 수 있는 곳에서 행동하며, 제어할 수 없는 곳은 받아들인다.
행운 vs 영향	인생은 공평하지 않다. 당신은 인생에 아무런 영향도 줄 수 없다. 인생은 단지 운에 달려 있을 뿐이다.	행운이란 존재하지 않는다. 기회에 집중하고, 필요하다면 기회를 만든다. 행운은 당신의 노력 여하에 달려 있다.

피해자는 '내 인생에서 생긴 모든 나쁜 일들은 타인의 잘못'이라고 말한다. 그러나 당신이 문제의 일부가 아니라면, 해결책의 일부도 될 수 없다. 문제가 외부에서 발생했다면 해결책 역시 외부에 존재한다는 말이다.

당신이 교통 체증으로 직장에 늦는다면 정시에 도착하기 위해 어떤 일이 일어나야 할까? 모든 교통 체증이 마법처럼 사라져야 한다! 교통 체증이 존재하는 한 당신은 항상 지각한다. 반대로 당신이 주인공처럼 행동한다면 지각하지 않게 정시에 맞추어 집을 출발할 수 있다. 오로지 당신에게 달려 있다. 한 번 더 말한다. 비록 환경이 지속적으로 보내는 자극을 통제할 수는 없더라도, 당신은 지금 상황에 적절한 행동을 선택할 자유를 가진다.

'피해자의 사고방식'을 가진 사람은 단순히 반응만 할 뿐 항상 결백하다. 인생에서 자신이 처한 상황에 대해 지속적으로 타인을 탓하는 한편, 타당한 근거로써 과거를 이용하며, 기적적으로 문제의 해결책을 가져오거나, 문제를 일으키는 타인이 변화하는 미래에 희망을 가진다.

인생의 주인공은 자신에게 책임이 있다는 사실을 알고 있다. 적절한 행동을 선택하고, 스스로 책임감이 있다고 여긴다. 과거를 배울 만한 가치가 있는 경험으로 이용하고, 변화를 위한 지속적인 기회를 만날 현재를 살아가며, 미래에 대한 목표를 결정하여 적극 추구한다.

가장 중요한 질문은 '인생이 이와 같은 상황을 부여하면 당신은 어떠한 사람이 되려고 할 것인가?'이다. 간디는 아주 멋진 말을 남겼다.

"우리가 일부러 건네주지 않는다면 사람들은 우리의 자존심을 빼앗아 갈 수 없다."

다음 질문에 답해 보라 ─────────────────────

- 당신은 현재 처한 상황에 대해 누구를 비난하는가? 파트너인가, 상관인가, 부모인가, 친구인가?

- 당신에게 일어나는 일과 관련해 더 이상 타인들을 비난하지 않는다면 어떻게 될까?

- 당신이 더 이상 주변 환경의 피해자가 되지 않는다면 어떤 일이 일어날까?

- 당신은 피해자로 남는 편이 더 나은가?

- 피해자가 되면 어떠한 이점이 있는가?

- 만일 인생에서 고통당하기를 멈추고 변하기로 결심한다면 어떻게 되겠는가?

- 무엇을 바꿀 것인가?

• 어디에서 시작할 것인가?

• 어떻게 시작할 것인가?

실행 단계 ────────────────────────────────

　인생의 행로를 바꾸고 스스로 책임지는 삶을 살기 위해 다음 주에 당신이 할 수 있는 5가지 일을 적어 보라.

❶

❷

❸

❹

❺

☐
☐
☐
☐
☐
☐
☐

선택과 결정이
인생을 만든다

"한번 결정을 내리면 실현을 위해 전 우주가 협력한다."
- 랄프 왈도 에머슨

인생이란 자신이 내린 결정의 결과라는 말을 들어 보았을 것이다. 어떻게 생각하는가? 당신은 이 말을 진실로 받아들이는가? 무언가 결정을 내림으로써 삶에 미칠 당신의 힘을 인지하는 것은 중요하다. 모든 결정과 선택은 삶에 중요한 영향을 미친다. 당신의 삶은 과거에 했던 선택과 결정의 직접적인 결과이다. 사실 모든 선택은 결과를 초래한다! 좀 더 나은 선택을 하라. 당신은 자신의 생각은 물론 심지어 감정까지도 선택한다는 사실을 명심하라.

인생에서 가장 중요한 일이 바로 결정이다. 결정이 올바르다거나 잘못되었다는 것은 부차적인 문제이다. 당신은 곧 자신을 한층 더 발전시킬 피드백을 얻을 것이다. 일단 결정을 내리고 나면 결정을 유지하고 결과를 받아들여라. 비록 잘못되었더라도 결과를 통해 배우면 된다. 적절한 시기에 당신이 가진 모든 지식을 총동원한 최고의 결정이었다는 사실을 인정하고 스스로를 용서하라.

당신의 자세＋당신의 결정＝당신의 인생

빅터 프랭클은 2차 세계 대전 중 나치 수용소에 수감되었던 유대인 심리학자였다. 그는 당시 여동생 한 명을 제외한 모든 가족을 잃었다. 그러한 끔찍한 환경 속에서 그는 자신이 정의한 '궁극적인 인간의 자유'라는 의미를 깨달았다. 심지어 나치 감옥조차 그에게서 자유를 빼앗지 못했다. 비록 타인들이 외부 환경을 제어했을지라도, 결국 그에게 미칠 영향을 선택한 사람은 다름 아닌 빅터 프랭클 자신이었다.

빅터 프랭클은 자극과 반응 사이에 작은 공간이 있다는 사실을 알아냈다. 자신의 반응을 선택할 자유가 있는 시간이었다. 비록 당신에게 주어진 환경을 제어하지는 못하지만, 어떠한 환경에서도 항상 당신의 반응을 선택할 수 있다. 이는 곧 당신의 인생에 커다란 영향을 미친다는 의미이다.

우리를 아프게 하는 것은 실제로 일어나는 일이 아니라 그에 대한 반응이다. 따라서 우리의 삶에서 일어나는 일에 어떻게 반응하는가가 가장 중요하다. 그것이 바로 선택이다!

건강해지고 싶은가? 건강에 좋은 음식을 선택하고 운동하라. 좀 더 성공하고 싶은가? 당신을 둘러싼 사람들, 당신이 읽고 보는 것에 보다 나은 결정을 내려라. 변명 따위는 필요 없다! 만일 당시 빅터 프랭클의 인생과 비교해 당신의 상황이 나쁘지 않다고 내가 생각하고 있다면 용서하기 바란다. 나는 2차 세계 대전 중 독일의 강제 수용소에서 유대인으로 살아가는 것보다 나쁜 상황은 없다고 생각하기 때문이다.

다음 질문에 답해 보라 ─────────────────

• 오늘 당신은 변화를 시작하기 위해 어떠한 결정을 내렸는가?

• 당신은 보다 유연하고, 긍정적이고, 건강하고, 행복해지기 위한 선택을 내릴 것인가?

실행 단계 ─────────────────────────────────

❶ 오늘 실행하고 싶은 변화를 적어도 세 가지 이상 작성한다.

    1)

    2)

    3)

❷ 빅터 프랭클의 저서《죽음의 수용소에서 Man's search for meaning》를 읽어 본다.

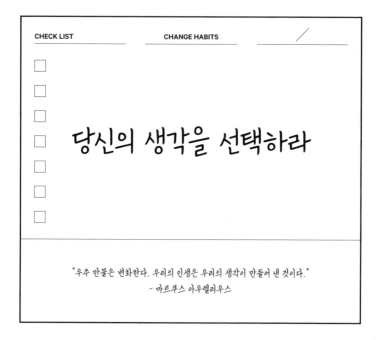

당신의 생각을 선택하라

"우주 만물은 변화한다. 우리의 인생은 우리의 생각이 만들어 낸 것이다."
- 마르쿠스 아우렐리우스

인생을 바꾸고 싶은가? 가장 먼저 해야 할 일은 당신의 생각을 바꾸는 것이다. 생각은 현실을 창조하기 때문에 당신의 통제하에 두어야 한다! 생각을 통제함으로써 궁극적으로 당신은 인생과 운명을 통제할 수 있다. 가끔씩 당신의 생각을 유심히 살펴보라. 피스 필그림의 말을 인용해 본다.

"생각이 얼마나 강력한 힘을 가지고 있는지 깨닫는다면 당신은 결코 부정적인 생각을 하지 않을 것이다."

그의 말이 모든 것을 알려 준다. 부정적인 생각에 사로잡히지 말라. 부정적인 생각들이 떠오를 때마다 '모든 일이 잘될 거야'라는 말을 마음속으로 되뇌며 긍정적인 생각으로 바꾸라.

긍정적으로 생각하라! 긍정적으로 생각하는 사람은 몽상가가 아니다. 다만 인생에 문제가 없다고 생각할 뿐이다. 긍정적인 사람은 부정적인 생각을 하는 대신, 자신 앞에 놓인 문제들이 지금보다 성장할 기회라고 여긴다. 그런 기회들이 자신에게 주어진 의미가 있다고 생각한다.

긍정적으로 생각하기란 현실을 있는 그대로 받아들이고 최선을 다하는 것이다. 생각이 당신을 지배하게 하지 말라. 스스로 당신의 생각을 지배하고 생각의 질을 통제하라. 오로지 긍정적이고 창의적이고 영감을 주는 생각들에 집중하도록 마음을 단련하라. 이와 같이 마음을 단련한다면 잠시나마 당신의 인생에 대한 배경도 바뀐다는 사실을 목격할 것이다.

당신은 생각의 창조자이지만 생각 자체는 아니다. 생각은 에너지이며, 에너지는 생각을 따라 흘러간다. 생각이 감정을 만들어 내고, 감정은 태도를 만든다. 태도는 또다시 행동을 만들어 낸다. 행동은 그대로 당신의 일상생활에 영향을 준다.

생각→감정→태도→행동

당신의 생각은 인생에 대한 믿음에 달려 있다. 만일 받은 것이 만족스럽지 않다면 당신이 보낸 것을 살펴보라! 인생 안에 있는 모든 것들이 당신의 생각, 경험, 믿음에 의해 창조된 결과물이다. 그것을 분석해 보라!

당신이 자신의 믿음을 바꾼다면 새로운 결과를 얻을 것이다! 생각이 믿음이 되도록 하는 연습을 충분히 자주 하라. 당신의 태도와 행동도 그에 따라갈 것이다.

계속해서 돈이 부족한 상황을 염려한다면 당신은 두려움에 기반을 둔 행동을 하게 된다. 경기에서 이기기 위해 플레이하는 것과는 대조적으로 더 적게 행동하면서 당신이 가진 돈에 집착하여 매달릴 것이다.

실행 단계

48시간 동안 부정적인 생각을 하지 않도록 노력한다. 처음부터 부정적인 마음은 차단하고 모든 생각을 사랑, 평화, 연민과 같은 긍정적인 것으로 바꾼다. 비록 처음이라 힘들어도 꿋꿋이 버틴다. 시간이 지날수록 점차 쉬워질 것이다. 그렇게 5일 동안 시도해 본다.

마지막으로 일주일을 버텨 본다. 처음 긍정적으로 생각하기 시작한
이후 당신의 삶에 어떠한 변화가 있었는가?

- [ ]
- [ ]
- [ ]
- [ ]
- [ ]
- [ ]
- [ ]

당신은 무엇을 믿는가?

> "인생을 두려워 말라. 인생은 살아갈 가치가 있다고 믿어라.
> 그러면 너의 믿음이 현실을 창조하는 데 도움이 될 것이다."
> - 윌리엄 제임스

당신은 무엇을 믿는가? 이 점은 매우 중요하다. 궁극적으로 당신의 믿음이 현실을 창조하기 때문이다! 당신은 당신이 믿는 것을 창조한다. 세상은 단지 당신의 해석일 뿐이다. 우리는 세상을 있는 그대로 바라보지 않는다. 다만 우리에게 습관화된 방식으로 본다. 우리의 개념은 단지 현실에 대한 추측일 뿐이다. 현실을 보는 지도는 현실 자체보다는 우리의 행동 방식에 더 치중하여 결정을 내린다.

우리 각자는 자신의 믿음이라는 렌즈를 통해 세상을 바라본다.

한낱 말장난처럼 들리는가? 고등학교에서 심리학을 2학기 동안 들으며 플라시보 효과, 피그말리온 효과, 자기 충족적 예언 등에 관해 배울 때까지 줄곧 같은 일이 나에게도 일어났다. 굳이 이런 학습이 아니더라도 우리의 생각과 믿음이 얼마나 강력한지 알 수 있는 사례들은 많이 있다.

그렇다면 믿음이란 무엇인가? 우리가 진실이라고 받아들이는 의식적이거나 무의식적인 정보를 말한다. 로버트 딜츠는 믿음을 우리 자신과 다른 사람들, 우리를 둘러싼 세상에 대한 판단과 평가라고 정의한다. 믿음은 습관적인 사고 양식이다. 일단 어떤 사람이 무언가를 진실이라고 믿는다면(진실이든 아니든) 그는 마치 그것이 진실인 듯이 행동한다. 비록 거짓이라 할지라도 자신의 믿음을 증명하기 위해 증거 자료를 수집한다.

믿음은 자기 충족적 예언과 같다. 당신의 믿음은 감정에 영향을 미치고, 감정은 행동에 영향을 미치고, 행동은 다시 결과에 영향을 준다! 자신의 믿음 체계에 따라 당신은 인생을 어떻게 해서든 살아간다. 당신 스스로가 인생은 그저 주어지는 것이 아니라는 사실을 깨닫길 바란다! 인생은 당신의 믿음과 생각, 기대가 투영된 것이다. 인생을 바꾸고 싶다면 맨 먼저 생각하는 방식부터 바꾸어야 한다. 대부분의 사람들에게 믿음이란 아주 어린 시절에 프로그래밍되지만, 스스로 노력한다면 충분히 바꿀 수 있다.

어느 누구도 당신에게 믿음을 강요할 수 없다. 마지막에 어떠한 믿음을 진실로 받아들일지 결정하는 사람은 항상 당신 자신뿐이다! 당신에 대한 믿음은 하나의 마음가짐이며 선택이다! 헨리 포드가 했던 말을 기억하라! 당신이 해낼 수 없다고 생각하거나 불가능하다고 여기는 일은 어떤 노력을 기울여도 절대로 이루어지지 않는다.

과거 수십 년 동안 인간이 4분 안에 1마일을 달리기란 불가능하다고 여겨졌다. 그동안 이 주제에 관해 많은 과학 논문과 연구들이 쏟아져 나왔다. 하지만 1954년 5월 6일 옥스퍼드에서 열린 육상 경기에서 로저 배니스터가 모든 사람들이 틀렸다는 사실을 증명하면서 그런 연구들은 모두 갈가리 찢겨 버렸다. 그때 이후 1,000명이 넘는 사람들이 같은 일을 해냈다.

믿음을 제한하는 다음 생각들은 멀리 쫓아 버려라 ─────────

- 항상 무언가 잘못되는 일이 있어서 사람은 완전히 행복할 수 없다.
- 인생은 본래 힘겨운 것이다.
- 감정을 내보이는 것은 약해 빠진 사람들이나 하는 짓이다.

- 기회는 항상 한 번뿐이다.
- 내 인생은 무기력하고 통제할 수도 없다.
- 나는 그럴 만한 자격이 없다.
- 아무도 날 사랑하지 않는다.
- 나는 할 수 없다.
- 그건 불가능하다.
- 기타 등등.

힘을 북돋아 주는 아래의 믿음을 가슴에 품어라 ────────

- 나는 운명을 스스로 창조한다.
- 내가 허락하지 않는 한 아무도 내게 상처를 줄 수 없다.
- 모든 일의 발생에는 이유가 존재한다.
- 모든 일이 다 잘될 것이다.
- 나는 할 수 있다!

다음 질문에 답해 보라 ────────────────

- 자신에게 솔직해지기 위해 나는 무엇을 믿는가?

• 돈에 대한 나의 믿음은 무엇인가?

• 인간관계에 대한 나의 믿음은 무엇인가?

• 나의 신체에 대한 나의 믿음은 무엇인가?

믿음을 바꾸기 위해 다음을 연습하고 자신에게 말하라 ——————

❶ 이것은 단지 현실에 대한 나의 믿음일 뿐이다. 현실을 의미하지 않는다.

❷ 내가 이것을 믿는다고 하여 반드시 진실인 것은 아니다.

❸ 그 믿음에 반대되는 감정을 만들라.

❹ 그와 반대되는 경우를 상상하라.

❺ 그 믿음은 단지 당신이 현실에 대해 가지고 있는 하나의 아이디어일 뿐, 현실 자체가 아니라는 사실을 인식하라.

❻ 하루에 10분 동안 현실처럼 보이는 것을 무시하고 마치 당신의 바람이 실현된 듯이 행동하라. (돈을 많이 쓰고, 건강하고, 보다 성공적인 삶을 사는 긍정적인 당신을 생각하라.)

❶ 제한하는 믿음에 대해 적어 본다.

❷ 다음의 순서를 기억한다 : 믿음-감정-행동-결과

❸ 지금까지와는 다른 결과를 얻기 위해 당신은 어떠한 방식으로 행동하겠는가?

❹ 다르게 생각하고, 다른 결과를 얻기 위해 당신은 어떻게 느끼겠는가?

❺ 다르게 생각하고, 다르게 행동하고, 다른 결과를 얻기 위해 당신은 어떤 것을 믿겠는가?

☐
☐
☐
☐
☐
☐
☐

태도의 중요성

"인간은 단 한 가지를 제외한 모든 것을 성취할 수 있다.
그 한 가지란 어떠한 환경에서도 자신의 태도를 선택하는 인간의 궁극적인 자유이다."
- 빅터 프랭클

당신의 태도는 행복을 위한 결정적인 역할을 수행한다! 당신이 세상을 보는 방식을 극적으로 변화시킬 수 있고, 세상을 대하는 방식 또한 바꿀 수 있다. 만일 당신이 게임의 규칙을 받아들인다면 삶에서 고통이 줄어들 것이다. 인생은 웃음과 눈물, 빛과 그림자로 구성되어 있다. 그러한 것들을 바라보는 방식을 바꾸어 인생의 나쁜 순간까지도 받아들여야 한다.

당신에게 일어나는 모든 일들은 도전이며 동시에 기회이기도 하다. 심지어 최악의 상황에서도 인생의 긍정적인 면만 보라. 모든 나쁜 것 속에는 좋은 무언가가 숨겨져 있다. 단지 발견에 시간이 더 걸릴 뿐이다. 다시 말한다. 중요한 일은 당신의 인생에서 단순히 일어나는 것이 아니다. 바로 당신의 인생을 구성하는 일들에 어떻게 반응하는가 여부이다!

인생은 때론 즐겁고 때론 슬픈 순간들이 연결된 사슬이다. 각각의 순간에 최선을 다하는 것이 당신에게 주어진 사명이다. 아내가 당신을 떠났는가? 그럼 당신은 영원히 불행해할 것인가? 아니면 밖으로 나가 새로운 사람을 만날 것인가? 실직은 당신에게 새로운 기회의 문을 열어 줄지도 모른다.

오래전 많은 성공학 강사와 긍정적인 사상가들은 인생을 이렇게 묘사했다.

"만일 인생이 당신에게 레몬 하나를 준다면 설탕을 첨가해 레모네이드를 만들라."

젊은 독자들은 말할지도 모른다.

"만일 인생이 당신에게 레몬 하나를 준다면 약간의 소금과 테킬라를 요구하라."

이제는 당신도 핵심을 이해했을 것이다. 그렇지 않은가?

건강한 태도에 대한 몇 가지 사례 ━━━━━━━━━━━━━━━

- 자신에게 실수를 용납하고, 실수로부터 교훈을 배워라.
- 당신이 알지 못하는 상황이 인생에 존재한다는 사실을 인정하라.
- 대담하게 도움을 요청하여 다른 사람들이 당신을 돕게 하라.
- 지금까지 당신이 이루어 온 것과 지금부터 하고 싶은 것을 구별하라!

실행 단계 ━━━━━━━━━━━━━━━━━━━━━━━

부정적인 상황을 떠올려 긍정적인 것으로 전환하라.

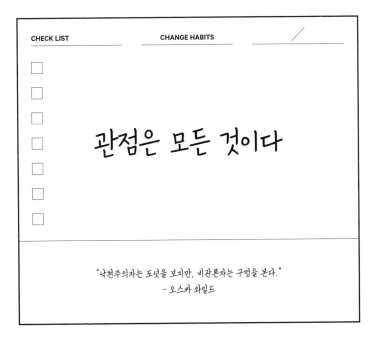

CHECK LIST   CHANGE HABITS

☐
☐
☐
☐
☐
☐
☐

관점은 모든 것이다

"낙천주의자는 도넛을 보지만, 비관론자는 구멍을 본다."
- 오스카 와일드

윌리엄 셰익스피어는 말했다.

"세상에는 좋은 것도 나쁜 것도 존재하지 않는다. 다만 그렇게 생각할 따름이다."

관점 속으로 모든 것을 밀어 넣어라! 문제에 가까이 접근할수록, 그래서 더욱더 정면으로 맞설수록 눈에 보이는 것은 적어진다. 한 걸음 뒤로 물러서서 세계적인 시각으로 상황을 살펴보라. 문제를 직면한 당신의 느낌을 이해하고, 문제에 대한 진정한 중요성을 평가하라. 당면한 문제를 도전으로 여기는 것도 도움이 된다!

인생에서 겪은 모든 부정적인 경험에는 무언가 좋은 면도 있다. 그것을 찾아라! 모든 상황에서 항상 좋은 면을 발견하려는 습관이 생긴다면 과감하게 삶의 질이 바뀔 것이다. 의미를 부여하기 전까지 경험 자체는 언제나 중립적이다. 세상에 대한 당신의 전망과 관점은 무언가의 옳고 그름을 결정한다. 엄청나게 비극적인 일은 목숨을 위태롭게 하면서까지 당신을 성장시키도록 일깨워 주는 신호가 될 수 있다.

사람들에게 조언할 때 우리는 사건을 바라보는 관점을 바꾸도록 소위 말하는 '재구성'이라는 기법을 사용한다. 내가 제일 좋아하는 점은 '실패'가 '피드백'이나 '학습 경험'으로 바뀐다는 사실이다.

"나는 지난 인간관계에서 지독한 실패를 경험했어."

느낌이 어떠한가? 이번에는 다르게 한번 말해 보라.

"나는 지난 인간관계에서 너무나도 많은 것을 배웠어. 다시는 같은 잘못을 저지르지 않으리라 확신해!"

차이점을 느끼겠는가? 재구성과 관련된 몇 가지 예시를 더 살펴보자.

나는 무직이다.	나는 생계를 위해 진정으로 하고 싶은 일이 무엇인지 알아낼 시간적 여유가 있다.
나는 아프다.	나의 몸에 휴식을 준다.
그것이 내가 살아가는 방식이다.	나는 또 다른 관점을 찾을 수 있다.
나는 할 수 없다.	내게 어떤 선택 사항들이 있는지 살펴보자.
불가능	가능
문제	도전/성장할 기회
실패	학습 경험
나는 억지로 해야 한다/해야 할 것이다.	나는 하기로 선택했다/할 것이다.
시도해 본다.	나는 한다.
항상	지금까지는
결코 그렇지 않다.	가끔은 그렇다.

실행 단계 ─────────────────────

당신의 삶에서 부정적이라고 여겨지는 상황을 적어도 5가지 이상 적어 보라. 시간이 지날수록 당신은 거기에서 무언가 좋은 점을 명확히 찾을 것이다.

- [ ]
- [ ]
- [ ]
- [ ]
- [ ]
- [ ]
- [ ]

절대 포기하지 말라

"우리의 가장 큰 약점은 포기에 있다.
성공하기 위한 가장 확실한 방법은 항상 한 번 더 도전해 보는 것이다."
- 토머스 에디슨

재능이나 지능, 전략보다도 인내가 중요하다. 포기하지 않는 마음에 훌륭한 미덕이 존재한다. 인생이 계획 따라 흘러가지 않더라도 아무리 작은 발걸음이나마 계속해서 앞으로 나아가라. 성공과 실패를 가름하고, 진정한 변화와 계속 머무르는 정체 사이를 결정짓는 가장 중요한 두 가지 습관이 인내와 끈기이다.

당신이 나아가야 할 길에는 성공이 오기 전에 장애물이 존재할 가능성이 매우 높다. 비록 계획이 틀어지더라도 영원한 실패가 아니라 일시적인 패배로 여겨라. 새로운 계획을 세우고 다시 시도하라. 새로운 계획 역시 제대로 진행되지 않는다면 제대로 돌아갈 때까지 바꾸고 수정하라. 사람들은 새로운 계획을 진행함에 있어 인내와 끈기가 부족하다. 대부분의 사람들이 포기하는 핵심적인 이유이다!

그러나 주의하라. 되지도 않을 계획을 고집스레 밀고 나가는 것과 혼동해서는 안 된다. 그저 무언가가 제대로 진행되지 않는다면 바꾸면 된다. 인내는 목적을 달성하기 위한 끈기를 의미한다. 장애에 부딪히면 인내심을 가져라. 좌절을 경험해도 역시 참고 견뎌라. 당신이 원하는 상황이 전개되지 않아도 역시 인내하고 견뎌 내라.

불행과 방해라는 첫 번째 징후가 보인다고 해서 목표를 내팽개쳐서는 안 된다. 전구를 발명하기 위해 1만 번이나 시도했던 토머스 에디슨을 생각해 보라. 에디슨처럼 성공을 향해 실패하라! 인내는 마음의 상태이다. 마음을 갈고 닦아라. 넘어지면 일어나서 툭툭 먼지를 털고 목표를 향해 계속해서 나아가라.

인내하는 습관을 기르는 방법 ─────────────────────

❶ 명확하게 목표를 정하고 성취하고자 하는 의지를 불태워라.

49

❷ 명확한 계획을 세우고 매일 계획 단계에 따라 행동하라.

❸ 모든 부정적이고 낙심시키는 영향에 맞서는 면역력을 길러라.

❹ 당신이 행동을 속행하고 목표를 추구하도록 격려해 주는 한 명 이상의 사람들로 구성된 지원 시스템을 운영하라.

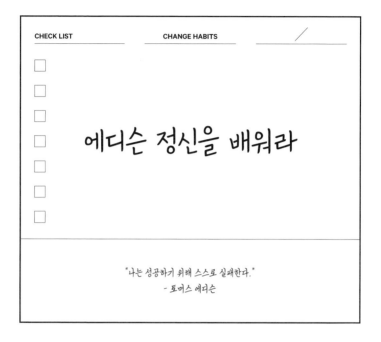

CHECK LIST   CHANGE HABITS   /

☐
☐
☐
☐   에디슨 정신을 배워라
☐
☐
☐

"나는 성공하기 위해 스스로 실패한다."
- 토머스 에디슨

실패에 관해 이야기해 보자! 너무나도 중요한 주제지만 자칫 사람들이 잘못 이해할 수도 있다. 파울로 코엘료가 정곡을 찌르는 말을 했다.

"꿈을 이룰 수 없게 만드는 단 한 가지는 바로 실패에 대한 두려움이다."

실패에 대한 두려움은 최고의 꿈 파괴자이다. 우리는 왜 그토록 실패를 두려워하는가? 우리는 왜 '세상 모든 역경과 실패, 번민은 고통받는 만큼이거나 오히려 더 큰 혜택의 씨앗을 동반한다'고 지적했던 나폴레온 힐처럼 세상을 보지 못하는 걸까?

나폴레온 힐처럼 우리가 실패의 의미를 정확히 파악할 수 있다면 인생은 어떻게 바뀔까? 왜 우리는 실패가 성장을 위해 반드시 필요하며, 정보와 동기를 부여해 주는 학습 경험을 준다고 여기지 않을까? 만일 현실에서 실패는 발전을 향한 신호라는 생각을 완전히 포용할 수 있다면 어떻게 될까? '에디슨 정신'을 배우길 바란다. 에디슨은 자신에게 말했다.

"나는 성공하기 위해 스스로 실패한다."

"나는 실패한 적이 없다. 단지 작동하지 않는 방법 10,000가지를 찾아냈을 뿐이다."

이것이 바로 에디슨이 수많은 발명품을 우리에게 안겨 준 원동력이다. 그는 절대로 포기하지 않았다! 반성의 계기로 당신의 실수를 받아들이고, 실수로부터 배워라!

다행스럽게도 우리에게는 과거 아이였을 때와 마찬가지로 어른으로서 순응해 온 성향이 없다. 우리가 어린 시절 순응하는 아이였다면 걷는 법조차 제대로 배우지 못했을 것이다. 당신은 어떻게 걷는 법을 배웠는가? 넘어지기를 수없이 반복하면서도 늘 다시 일어나지 않았는가!

불행히도 당신은 어딘가 길을 따라가다 실패는 끔찍한 것이라는 생각을 주웠다. 그 결과 단 한 번의 실패만 있어도, 단순히 처음에 제대로 잘되지 않았다고, 거절당했다고, 벤처 사업이 당장 잘 풀리지 않는다고 노력하던 일을 그만둔다. 지금이 실패에 대한 당신의 성향을 바꾸어야 할 시기이다! 지금부터는 실패를 이렇게 바라보는 것은 어떠한가?

"모든 실패는 우리 인생에서 위대한 순간이다. 우리가 실패로부터 배우고 성장하도록 만들기 때문이다!"

심지어 점점 더 많은 회사들이 직원들의 실패를 용납함으로써 새로운 정신으로 바꿔 가고 있다. 사람들이 실수를 저지를까 두려워하면 창의력과 혁신이 죽어 버려 회사의 발전도 더딜 수밖에 없다는 사실을 깨달은 것이다. 결국 가장 중요한 내용은 다음처럼 요약할 수 있다.

"성공은 올바른 결정의 결과이다. 올바른 결정은 경험의 결과이며, 그러한 경험은 잘못된 결정의 결과이다."

이쯤에서 말 그대로 성공하기 위해 완전히 실패한 유명한 실패담을 살펴보자.

- 실직, 1832년
- 주 의회 의원직 낙선, 1832년

- 사업 실패, 1833년

- 주 의회 의원으로 당선, 1834년

- 연인(앤 러틀리지) 사망, 1835년

- 신경 쇠약에 걸림, 1836년

- 의회 의장직 낙선, 1838년

- 국회 의원 지명 선거 낙선, 1843년

- 재지명 실패, 1848년

- 국유지 관리국 직무 거절당함, 1849년

- 상원 의원 낙선, 1854년

- 부통령 임명 낙선, 1856년

- 상원의원 낙선, 1858년

- 대통령직 당선, 1860년

링컨의 이야기이다. 우리는 링컨을 정확하게 실패자로 특징짓지 않는다. 그렇지 않은가? 몇 가지 유명한 실패 사례들을 더 들어 볼까 한다.

- 마이클 조단 : 고등학교 농구팀에서 제명되었다.

- 스티븐 스필버그 : 영화 학교 입학을 세 차례 거절당했다.

- 월트 디즈니 : 아이디어와 상상력이 부족하다는 이유로 신문

편집자로부터 해고되었다.

- 알베르트 아인슈타인 : 말하는 법을 늦게 배웠고, 학교에서의 성적은 엉망이었다.
- 존 그리샴 : 첫 소설이 16개 에이전트와 12개 출판사로부터 거절당했다.
- J. K. 롤링 :《해리 포터》를 쓸 당시 정부의 생활 보조비를 받는 이혼한 미혼모였다.
- 스티븐 킹 : 첫 소설《캐리》는 30차례나 거절당했다. 그는 소설을 쓰레기통에 버렸으나, 아내가 쓰레기통에서 꺼내어 다시 도전하라고 격려해 주었다.
- 오프라 윈프리 : TV 방송에 부적합하다는 이유로 텔레비전 리포터에서 해고되었다.
- 비틀즈 : 연예 공연 사업에 가능성이 없다는 말을 레코드 회사로부터 들었다.

다음 질문에 답해 보라 ───────────────

- 과거 몇 년간 실패를 경험해 보았는가?

- 실패에서 배운 긍정적인 교훈은 무엇인가?

- [ ]
- [ ]
- [ ]
- [ ]
- [ ]
- [ ]
- [ ]

변화와 혼란에
편안해져라

"기꺼이 불편함을 감수하라. 불편함으로 편안해져라.
힘들지도 모르지만, 꿈같은 생활을 위해 치르는 사소한 대가일 뿐이다."
- 피터 맥윌리엄스

성공으로 가는 길은 변화와 혼란을 통과해서 지나간다. 개인적인 성장을 위해 당신은 지속적으로 약간 불편한 상황 속에서 지내야 한다. 다른 사람들이 하기 싫어하는 일을 하는 습관을 들여라. 당신은 불편함과는 상관없이 해야 할 일을 선택해야 한다. 이것은 원한을 가지기보다 용서하고, 불가능하다고 말하는 대신 부단히 노력하며, 타인을 비난하기보다는 자신의 행동에 100% 책임을 진다는 의미이다.

우리 대부분은 삶을 바꾸기 위해 아주 커다란 변화를 만들어야 한다고 생각하고 추진한다. 하지만 해야 할 일이 엄청나게 많다는 사실에 압도당하여 결국 아무것도 이루지 못한 채 오랜 습관에 갇혀 빠져나오지 못하고 만다. 해답은 '아기 걸음마'이다! 많은 노력을 요하지 않는 작은 변화부터 시작하라. 작은 변화들은 나중에 큰 변화를 가져다준다. 일터로 가는 방법을 바꾸고, 평소와 다른 식당에서 점심 식사를 하거나 새로운 사람들을 만나라.

실행 단계 ────────────────────────────

❶ 매일 불편하다고 여겨지는 일을 하라.

❷ 내일은 어떤 것을 바꿀 예정인가? 틀에 박힌 일상인가? 운동을 시작할 것인가? 보다 건강한 식단을 만들 것인가?

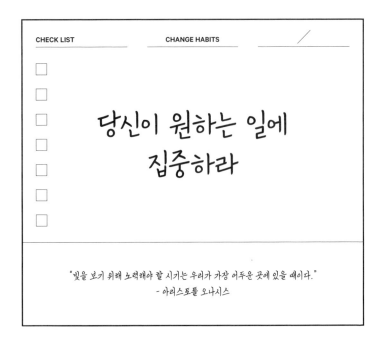

당신이 원하는 일에 집중하라

"빛을 보기 위해 노력해야 할 시기는 우리가 가장 어두운 곳에 있을 때이다."
- 아리스토틀 오나시스

원하는 것을 가지지 못하는 가장 큰 이유는 자신마저도 무엇을
원하는지 모르기 때문이다. 두 번째 이유는 무엇을 원하는지 말하
는 동안 보통 원하지 않는 일에 집중한다는 것이다. 자신이 원하는
일에만 집중해야 한다는 사실을 명심하라! 당신의 초점은 어디에
맞추어져 있는가? 긍정적인가, 아니면 부정적인가? 과거인가, 현재
인가? 당신은 주로 문제와 해결책 중 무엇에 집중하는가?

이것은 매우 중대한 사안이다! 끌림의 법칙이 잘못 적용되어 대부분의 사람들이 포기하고 마는 부분이다! "나는 돈을 끌어모으고 있어", "나는 부유해" 같은 말을 하는 사람들이 있다. 정작 그들은 지불해야 할 청구서와 나가야 할 돈, 자신의 수입이 생각만큼 많지 않다는 사실에 많은 시간을 집중한다. 이런 상황에서 어떤 일이 일어날까? 사람들은 자신이 원하지 않는 일에 좀 더 몰두하게 된다!

당신은 집중하는 일에 더욱 몰두할 것이다! 당신의 에너지는 초점이 맞추어진 방향으로 흐르고, 초점은 세계에 대한 전반적인 인식을 결정한다. 기회에 초점을 맞추라. 그러면 당신은 보다 많은 기회를 얻을 것이다. 성공에 집중하면 성공이 당신에게 다가온다.

초점을 바꾸기 위해 활용할 질문 ───────────

• 어떻게 하면 지금 상황을 개선할 수 있을까?

• 나는 무엇에 감사할까?

• 당장 내 인생에서 중요한 것은 무엇인가?

• 당장 무엇 때문에 행복해질 수 있는가?

- 그것은 10년이 지나도 여전히 내게 중요한 일인가?

- 변화에 있어 무엇이 중요한가? 교훈을 얻기 위해 어떻게 활용해야 할까?

- 상황을 개선하기 위해 무엇을 할까?

☐
☐
☐
☐
☐
☐
☐

말을 조심하라

"당신이 원하는 것을 갖지 못하게 막는 유일한 것은 자신에게 계속하는 거짓말이다."
- 토니 로빈스

말을 조심하라! 말을 과소평가해서는 안 된다! 말의 힘은 너무나 강력하다! 경험을 설명하기 위해 사용하는 단어들은 또다시 우리의 경험이 된다!

당신은 아마도 살아가면서 무심코 내뱉은 말로 인해 엄청난 손해가 발생하는 상황을 한두 번 경험했을 것이다. 다른 사람만이 아니라 자신에게 말할 때에도 그대로 적용된다. 맞다. 당신의 머릿속에만 존재하는 작은 소리로 '목소리라고? 대체 어떤 목소리를 말하지?'라며 자신에게 질문을 던졌던 그 목소리이다. 당신이 자신에게 하루 종일 이야기하는 주요 내용이기도 하다!

내면의 대화는 최면 상태에서 반복되는 암시와도 같다. 당신은 평소에 불평을 많이 하는가? 자신에게 주로 어떤 말을 하는가? 자신에게 당신은 나쁘고, 허약하며, 힘도 없는 나약한 존재라고 말하면 어떻게 될까? 세상도 당신이 말한 것처럼 보일 것이다! 반면 당신은 건강하고, 기분 좋고, 멈출 수 없는 상태라고 자신에게 말한다면 그러한 세상을 경험할 것이다.

내면의 대화는 당신의 자부심에도 커다란 영향을 미친다. 당신에 대한 묘사에도 주의해야만 한다. '나는 게을러', '나 스스로가 재앙이야', '난 정말 못하겠지' 같은 표현을 하지 말라. '나는 피곤해'처럼 피곤하다는 말을 자신에게 하면 할수록 더욱더 피곤해진다!

이처럼 내면의 대화를 살피는 것은 매우 중요하다! 자신과 의사소통하는 방식은 당신에 대해 생각하는 방식을 바꿔 준다. 나아가 당신에 대한 느낌을 바꿔 주고, 행동도 변화시킨다. 궁극적으로 당신의 행동에 따른 결과와 타인들이 당신에 대해 가지는 인식마저 변화시킨다.

"나는 성공하고 싶다."

"날씬해지고 싶어."

"세상에, 난 정말로 좋은 사람이잖아."

긍정적인 문장으로 자신과 지속적으로 대화하라. 당신의 잠재의식에 내재된 마음이 '아니오'라는 짧은 말은 이해하지 못하기 때문이다. 잠재의식 속의 마음은 단지 당신의 말을 이미지로만 이해한다.

망상에 사로잡히지 말라! 장담하건대 당신은 방금 헛된 생각을 하고 있었다. 자신에게 긍정적인 말을 반복하듯이 당신이 원하는 일에 초점을 맞추라. 당신의 말, 특히 자신에게 하는 질문들은 현실에 지대한 영향을 미친다.

내가 코칭하는 고객들에게는 무언가를 못 한다는 말을 절대로 하지 말라고 조언한다. 대신 자신에게 항상 '이 일을 어떻게 해낼 수 있지?'라고 질문하게 한다. 자신에게 '어떻게?'라는 질문을 하면 당신의 뇌는 해답을 찾아서 떠올린다.

가장 좋은 점은 당신의 말을 바꿔 긍정적인 방식으로 이야기하고, 스스로 평소와는 다른 질문들을 던짐으로써 진정으로 인생을 바꾸는 것이다. 왜 기다리고만 있는가? 지금 당장 자신에게 다른 질문들을 던져라!

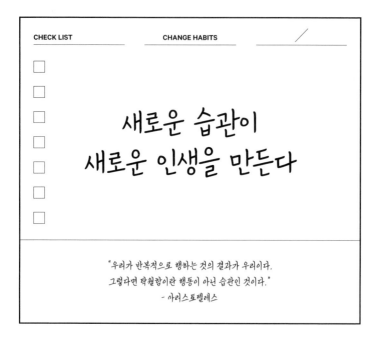

CHECK LIST   CHANGE HABITS

새로운 습관이
새로운 인생을 만든다

"우리가 반복적으로 행하는 것의 결과가 우리이다.
그렇다면 탁월함이란 행동이 아닌 습관인 것이다."
- 아리스토텔레스

새로운 습관을 체득하기 위해서는 대략 21일이 걸린다. 2,500년 쯤 전에 그리스의 철학자 아리스토텔레스는 습관을 바꾸면 인생을 바꿀 수 있다고 하였다. 코칭 과정의 핵심은 행동에 새로운 방식을 도입하고 과거 오랜 습관들을 대체하여 시간이 지남에 따라 고객의 습관을 변화시키는 것이다.

습관을 바꾸는 과정에서 가장 중요한 단계는 습관에 관해 잘 아는 것이다! 지금 하고 있는 일을 계속한다면 당신이 현재 경험하고 있는 결론을 계속해서 경험하게 된다. 아인슈타인은 광기의 가장 순수한 형태를 '다른 결과가 나오리라 기대하며 똑같은 행동을 계속해서 반복하는 것'이라고 정의했다. 혹시 바로 당신인가? 걱정하지 말고 계속해서 읽어 보라!

인생에서 다른 결과를 원한다면 지금까지와는 다르게 행동해야 한다. 당신은 자신의 모습을 바꿀 수 있다. 다만 몇 가지 행동과 규율을 생활 속에 끼워 넣는다면 상대적으로 쉬울 것이다. 당신의 목표를 향해 나아가도록 이끌어 주는 습관을 몸에 붙여라. 그렇게 한다면 인생의 성공은 보장될 것이다.

물론 없애는 편이 더 좋은 나쁜 습관도 있다. 지속적으로 지각하기, 늦게까지 일하기, 정크 푸드 먹기, 해야 할 일 미루기, 다른 사람이 이야기하는 중에 끼어들기, 휴대폰의 노예가 되기 등이다.

우리의 목표는 앞으로 3개월 안에 10가지 새로운 습관을 매일 하도록 생활 속으로 끌어들이는 것이다. 나는 당신이 부담으로 압도당하기를 원하지 않는다. 매월 습관 세 개씩만 도입해 보면 어떠한가? 시간이 지남에 따라 새로운 습관들은 당신의 삶을 상당히 개선할 것이다. 지금까지 당신의 에너지를 낭비하도록 만들었던 비효율적인 습관들도 대체할 것이다.

당신은 어떤 습관을 10가지 도입하려고 하는가? 커다란 변화를
가져오는 습관을 도입할 필요는 없다. 나의 고객들이 일반적으
로 도입하는 습관들을 살펴보면 아래와 같다.

- 일주일에 3회 운동하기.
- 긍정적인 일에 초점 맞추기.
- 목표를 이루기 위해 노력하기.
- 해변이나 숲속을 거닐며 산책하기.
- 가족들과 많은 시간 보내기.
- 좀 더 많은 채소를 섭취하기.
- 친구들을 만나기.
- 하루 30분씩 매일 독서하기.
- 하루 15분씩 '혼자만의 시간' 가지기 등이다.

시각적으로 당신의 행동을 보여 주는 것은 도움이 된다! 자신의
성공에 반드시 보상을 해 줘야 한다는 사실도 잊어서는 안 된다!
당신의 삶에 추가할 매일 습관 10가지의 목록을 만들어 지금 당
장 시작하라.

- [ ]
- [ ]
- [ ]
- [ ]
- [ ]
- [ ]
- [ ]

너 자신을 알라

"자신을 아는 것이 모든 지혜의 시작이다."
- 아리스토텔레스

인생을 바꾸기 전에 해야 할 첫째 단계는 현재 당신이 있는 위치가 어디쯤이며, 무엇을 놓치고 있는지를 파악하는 것이다. 시간을 가지고 다음 질문에 답해 보라.

• 당신의 인생에서 꿈은 무엇인가?

- 당신은 인생을 마감할 시점에 어떤 일을 하지 못해 가장 후회하리라 생각하는가?

- 돈과 시간이 문제되지 않는다면 당신은 어떤 일을 하고 싶고, 무엇이 되고 싶으며, 어떤 것을 가지고 싶은가?

- 당신의 인생에서 어떤 것이 동기 부여가 되는가?

- 당신의 인생에서 어떤 것이 제한을 가하는가?

- 지난 12개월 동안 당신이 가장 크게 이룬 성과는 무엇인가?

- 지난 12개월 동안 당신에게 가장 크게 좌절감을 준 사건은 무엇인가?

- 다른 사람들을 즐겁게 하기 위해 당신은 어떤 행동을 하는가?

- 자신을 기쁘게 하기 위해 당신은 어떤 행동을 하는가?

- 당신은 어떤 것을 모르는 척하며 다른 사람들을 속이고 있는가?

- 당신이 지금까지 인생에서 이루어 놓은 가장 훌륭한 업적은 무엇인가?

- 그것이 최고 업적이라고 정확하게 알게 된 이유는 무엇인가?

- 당신이 5년 전에 했던 일과 비교해서 오늘 한 일을 어떻게 생각하는가? 당시 했던 일과 지금 하고 있는 일은 어떤 관계가 있는가?

- 당신의 직업에서 어떤 점이 가장 즐겁다고 여기는가?

- 당신의 직업에서 어떤 점이 가장 즐겁지 않다고 여기는가?

- 당신이 주로 미루는 행동이나 생각은 무엇인가?

- 당신이 진정으로 자랑스러워하는 것은 무엇인가?

- 당신은 자신을 어떻게 설명하는가?

- 행동 측면에서 당신이 개선해야 한다고 생각하는 것은 무엇인가?

- 현시점에서 당신은 인생을 성공으로 이끄는 것과 관련된 자신의 공헌도를 어떻게 설명할 것인가?

- 현시점에서 당신은 복지, 에너지, 자가 돌봄과 같은 일반적인 상태를 어떻게 설명할 것인가?

- 현시점에서 당신은 인생을 경험하며 얼마나 재미있고 즐겁다고 이야기할 것인가?

- 당신이 최종적으로 딱 잘라 한 가지 걱정거리를 잊을 수 있다면 무엇인가?

- 당신이 진정한 돌파구를 가장 많이 바라는 것은 인생에서 어떤 부분인가?

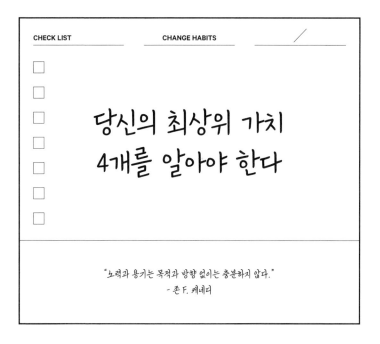

CHECK LIST   CHANGE HABITS

☐
☐
☐   # 당신의 최상위 가치
☐   # 4개를 알아야 한다
☐
☐
☐

"노력과 용기는 목적과 방향 없이는 충분하지 않다."
- 존 F. 케네디

가치에 대해 생각해 보자. 도덕적이거나 윤리적인 방법이 아니라, 무엇이 당신에게 연료를 공급하고 동기를 부여하는지 살펴보라. 당신의 가치를 명확하게 아는 것은 자신을 좀 더 잘 알기 위한 중요한 단계이다. 스스로의 가치를 알면 당신은 인생에서 원하는 것을 더 많이 끌어올 것이다.

당신이 살고 있는 인생과 당신의 가치 사이에 커다란 차이가 존재한다면 고통과 긴장을 만들어 낼지도 모른다. 일단 당신의 가치가 무엇인지 알아내기만 한다면 자신과 자신의 행동을 훨씬 더 잘 이해할 것이다. 당신의 목표가 자신의 가치들과 어울려 함께 진행해 나간다면 보다 빨리 목표에 도달하고, 보다 적은 저항에 부딪히게 된다.

대략 2년 전쯤 나의 가치를 명확하게 알게 되자 모든 것이 바뀌었다. 나는 마침내 직업과 인생에 있어 긴장과 스트레스가 어디에서 시작되었는지(나의 핵심 가치 중 하나를 나타내는 것은 아니었다!) 알게 되었다. 다양한 상황에서 나의 반응들이 더욱 개선되었음을 이해할 수 있었다.

그렇다면 당신에게 진정으로 중요한 것은 무엇일까? 당신에게 가장 중요한 가치를 찾아내는 작업은 기쁨과 평화와 성취감을 안겨 준다. 가치들의 목록에서 10가지를 선택하라. 당신은 그 가치들을 그룹으로 만들 수 있다는 사실도 알게 될 것이다. 그다음 최상위 4개의 가치로 압축하라.

성취감, 모험심, 경쟁력, 소통, 변화와 다양성, 헌신, 경제적 혜택, 생태 의식, 경제적 보장, 건강, 지적인 상태, 지식, 충성심, 의미 있는 일, 전문적인 개발, 평화로운 일, 종교, 책임감, 위험 회피, 서비스 의식, 평온함, 능숙하고 능률적, 진실, 혼자 일하기, 지혜, 적응력, 편안함,

제어력, 창조성, 주의력, 열정, 윤리, 쉬운 직업, 성장성, 봉사, 영향력, 겸손, 진실, 장점, 본성, 인생 목적, 자질, 존중, 신뢰, 안전, 교양, 사회적 신분, 유용성, 소명감, 단결, 외모, 헌신, 협력, 민주적, 도전, 대화, 존경, 명성, 가족, 정직, 명예, 혁신, 환희, 리더십, 동기 부여, 정리 정돈, 개인적 개발, 관계망, 사회적 인정, 안정감, 지도력, 사회적 위치, 부유함 등

다음 질문에 답해 보라 ─────────────────────────

• 당신의 인생에서 가장 중요한 것은 무엇인가?

• 무엇이 당신의 인생에 목적을 가져다주는가?

• 당신은 주로 어떠한 행동을 할 때 내면의 평화를 경험하는가?

• 너무 재미있어서 시간 가는 줄도 모르고 하는 일은 무엇인가?

• 당신이 존경하는 사람들을 생각해 보라. 왜 당신은 그들을 존경하는가? 그들에게 있는 어떠한 특성 때문에 존경하는가?

• 당신이 가장 즐기는 활동은 무엇인가? 어떠한 순간이 당신에

게 기쁨과 성취감을 가져다주는가?

• 당신은 어떠한 것을 참을 수 없는가?

시각화 ─────────────────────────

시간적인 여유를 가지고 두 눈을 감으며 긴장을 풀라. 당신의 75
번째 생일날을 상상해 보라. 당신은 집 안 여기저기를 산책하며 걸
어 다니고 있다. 당신의 모든 친구와 가족이 참석하고 있다. 당신의
인생에서 가장 중요한 사람과 친한 친구, 가족이 당신에게 어떠한
말을 해 주길 원하는가? 한번 적어 보라.

❶ 당신의 인생에서 가장 중요한 사람은 (   )라고 말한다.
❷ 당신의 가장 친한 친구는 (   )라고 말한다.
❸ 당신의 가족은 (   )라고 말한다.

☐
☐
☐
당신의 강점을
인지하라
☐
☐
☐
☐

"승리자는 신이 내려 주신 재능을 인지하고, 그것을 기술로 발전시키기 위해 부단히 노력하며,
그 기술을 목표 달성을 위해 사용하는 사람이다."
- 래리 버드

당신은 모든 일을 잘할 필요가 없다. 당신의 강점에 집중하라. 당신이 집중하고 있는 것은 확장하라. 당신은 어떤 일을 잘하는가? 지금은 그것을 알아낼 때이다. 그렇지 않은가? 지금부터 시작해 보자.

당신이 지닌 최고의 자질과 전문적인 강점 5가지 ─────────

당신만의 독특한 강점은 무엇인가? 당신이 가장 자랑스러워하
는 것은 무엇인가? 당신은 어떤 일을 가장 잘하는가?

❶

❷

❸

❹

❺

당신이 이룬 개인적이고 전문적인 성과 중 가장 중요한 것 ─────────

어떤 일을 성취한 후 당신은 가장 만족스럽고 자랑스러운가?

❶

❷

❸

당신은 어떤 사람을 알고 있는가? 당신은 무엇을 알고 있는가? 당신에겐 어떠한 재능이 있는가? 무엇이 당신을 독특하고 강력하게 만들어 주는가?

❶

❷

❸

당신의 강점을 알고 있다면 지금은 강화할 때이다. 당신이 가지고 있는 강점만이 아니라 원하는 강점도 연습하고 집중하라.

실행 단계 ────────────────────────────

당신이 여기서 배운 것을 실천할 계획이라면 5명의 친구나 동료에게 이메일을 보내라. 그들에게 당신이 가지고 있는 가장 훌륭한 강점이 무엇인지 물어보라! 매우 고무적이고 진정한 자신감 촉진제가 될 것이다.

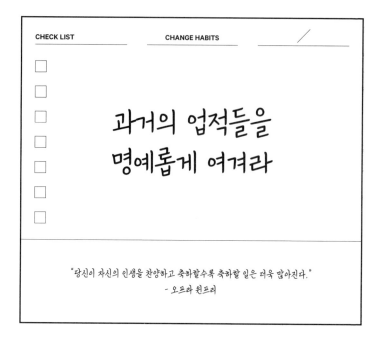

CHECK LIST   CHANGE HABITS

과거의 업적들을
명예롭게 여겨라

"당신이 자신의 인생을 찬양하고 축하할수록 축하할 일은 더욱 많아진다."
- 오프라 윈프리

이번 장은 매우 중요한 내용이다. 내가 가장 좋아하는 훈련 중 하나가 고객의 자신감을 북돋아 주었다(더불어 나의 자신감도 함께). 훈련의 목적은 자신에게 힘을 부여하고, 인생에서 자신이 이미 이루어 놓은 것들을 인지하도록 하는 것이다. 우리는 항상 잘되지 않거나 이루지 못한 것에 너무 집중한 나머지 이미 이루어 놓은 것들을 망각한다.

나는 당신이 인생에서 아주 환상적인 업적을 이루었으리라 확신하고 있다. 이번 장에서 당신은 과거의 성공을 인지한 뒤, 목표를 달성하고 미래의 성공을 이루기 위한 연료로 사용하게 될 것이다. 그와 연관된 주요 질문은 다음과 같다.

　"지금까지 당신은 인생에서 어떠한 큰 업적을 이루었는가?"

　당신은 스스로 대학을 졸업했고, 세상을 여행했고, 훌륭한 직업도 가졌으며, 멋진 친구들도 많이 있다. 아마 해외에서 잠시 동안 혼자 힘으로 모든 것을 해결하며 지냈을지도 모른다. 또는 아주 힘든 어린 시절을 보내며 개인적인 좌절을 이겨 냈을지도 모른다. 아마도 당신은 아주 멋진 아이들을 키워 냈을 것이다.

　과거 어떠한 도전을 극복했거나 어떠한 성공을 이루었든 지금은 뒤돌아보고 축하할 때이다. 초점에 관한 내용을 기억하는가? 지금의 경우를 적용해 보면, 당신이 과거의 성공을 많이 기억하고 인정할수록 더욱더 자신감이 넘치게 된다는 뜻이다. 당신은 성공에 집중하고 있기 때문에 좀 더 많은 기회들을 볼 것이다.

　당신만의 목록을 만들라! 당신이 과거에 이룬 성공들을 깨닫게 하라! 당신의 어깨를 툭툭 치면서 "잘했어!"라는 말로 스스로 격려하라! 중요한 것은 성공의 경험이다! 당신이 경험한 똑같은 상황에 다시 처해 보고 마음속으로 또다시 성공을 맛보라! 당시에 가졌던 느낌을 다시 한 번 느껴 보라!

실행 단계 ────────────────────────────────

❶ 인생에서 당신이 이룬 가장 큰 성공의 목록을 작성하라!

❷ 목록을 큰 소리로 읽으며 당신이 이루어 놓은 업적의 경이로

움을 느껴 보라!

당신의 목표를
작성하고 성취하라

"분명하게 글로 쓴 목표를 가진 사람들은 그렇지 않고 그저 상상만 하는 사람들보다
짧은 기간 안에 훨씬 많은 것을 성취한다."
- 브라이언 트레이시

우리들 중 대다수는 자신의 꿈을 실현하기 위해 어디에서부터 시작해야 하는지를 조금도 생각하지 않는다. 대부분은 한 달 내에 할 수 있는 일은 과대평가하면서 1년 안에 할 수 있는 일은 과소평가한다. 당신이 한 번에 한 단계씩 나아가 유연함을 유지한다면 시간이 지남에 따라 예전에는 상상도 못 할 일들을 달성하게 된다. 재미있는 것은 최종 목표에 도달하는 자체가 아니라 목표를 이루는

과정에서 당신이 바뀌어 가는 모습이다.

여행에서의 여정은 목적지에 도달하기보다 중요한데, 목표 설정에서도 마찬가지이다! 그렇다면 왜 목표를 글로 써야만 하는가? 글로 쓴 목표들은 당신이 행동하도록 만들기 때문이다! 인생에서 명확하게 정의된 목표를 가지는 것은 성공과 행복으로 가는 당신의 여정에서 매우 중대한 사안이다. 마치 GPS 시스템처럼 당신에게 길을 안내할 것이다.

안내를 받으려면 우선 당신이 가고 싶어 하는 목적지를 알고 있어야 한다! 이 점은 너무나도 중요해서 목표 설정에 관한 주제를 다루는 어느 책이든 같은 말을 한다! 나는 가급적 짧게 다루려고 한다.

당신의 목표를 달성하기 위한 첫 단계는 글로 적는 것이다. 나도 글로 적는 것에 상당히 회의적이었지만, 목표를 글로 적기 시작하자 '20년 전에 시작했더라면' 하면서 후회했다. 내 경우 너무나 생산적이고 집중이 잘되어서 좀처럼 믿기지 않았다.

앞서 말했듯이 나도 목표 설정에 관해서는 수년간이나 관심을 가지지 않았다. 솔직히 내겐 다소 불편하게 여겨졌다. 목표에 전념하기 위해 글로 적는 것이 불현듯 내가 성취한 것과 성취하지 못한 것을 측정할 수 있게 되었다는 의미로 다가왔고, 내게는 그렇게 할 용기가 없었기 때문이다.

목표를 적는 것이 중요한 이유 ─────────────────────

❶ 목표를 적으면 하루에 가지는 50,000~60,000가지의 생각들
중에서 유독 글로 적힌 한 가지가 가장 중요하다고 당신의 마
음에게 선언하게 된다.

❷ 당신은 목표에 더 가까이 데려다주는 활동들에 집중하기 시
작한다. 또한 당신의 목표에 집중하는 동안 보다 나은 결정을
내리게 된다.

❸ 당신이 시간을 최대한 잘 활용하며 일을 하고 있는지 항상 신
경 쓰게 된다.

❹ 매일 글로 작성한 목표를 살펴보면 '지금 하는 일이 나를 목표
에 가까이 데려다주는가?'와 같은 질문을 자신에게 던지게 된
다. 당신에게 행동하기를 권유하고, 그날 해야 할 행동에 우선
순위를 매기도록 도움을 준다.

변화 과정을 시작하기 전에 우선 당신은 목표를 명확하게 인지
해야 한다. 그런 다음 작은 크기의 성취 가능한 실행 단계들로 나눈
후, 목표를 달성하기 위해 취해야 하는 모든 행동 목록을 작성한다.

시간이 얼마나 걸리는지도 계산하라. 각각의 단계와 목표에 마
감 기한을 설정하는 것을 잊지 말라. 당신이 정해 놓은 마감 기한

내에 목표를 달성하지 못했더라도 걱정하지 말라. 단지 목표에 집중하게 하고 절박함을 조성하기 위한 수단일 뿐이다. 코칭 훈련에서 내가 좋아하는 인용구 중 하나는 '날짜를 정하면 실현 가능한 목표가 된다'이다. 지금이 당신이 시작할 적기이다.

다음에 이어지는 연습에서 10년 후 당신이 원하는 인생을 직접 적어 보길 바란다. 실현 가능하다고 여겨지는 것이 아니라 당신이 정말 원하는 것을 적어라. 그러니 크게 성공한 상태를 적어라! 상상에는 아무런 제한이 없다. 여기에 적은 대답들은 당신의 인생이 나아가야 할 방향이다.

마음속에 당신의 목표에 맞는 명확한 전망을 만들라. 당신을 이미 목표를 이룬 사람으로 간주하라. 느낌이 어떤기? 당신의 모습이 어떻게 보이는가? 어떤 소리가 들리는가? 어떤 냄새가 나는가? 목표는 당신 것이어야 한다. 구체적이고 긍정적으로 명시되어야 하며, 당신은 목표에 전념해야 한다.

또 다른 중요한 점은 단지 결과만이 아닌, 목표를 추구하면서 당신이 애쓴 노력에도 반드시 보상해야 한다는 것이다. 그러나 자신에 대한 징벌은 결코 용납할 수 없다! 당신은 일주일 전이나 한 달 전보다 훨씬 더 멀리 와 있음을 명심하라.

목표 설정 과정을 강화하는 유용한 팁 ─────────────

- 목표가 적힌 작은 카드를 지갑에 넣고 하루에 4~5회 꺼내 확인한다.
- 해야 할 목록을 만드는 것은 매우 유익하다. 실행 단계, 수행에 걸리는 시간, 각 과업의 마감 시한까지 표시하라.
- 목표의 균형을 맞춰라(신체적, 경제적, 사회적, 직업적, 가족적, 정신적인 내용).

연습 ──────────────────────────

- 당신은 10년 후 인생이 어떤 모습이기를 바라는가? 한계는 없다! 원대하게 작성해 보라!

- 10년 후의 목표에 가까이 다가가기 위해 5년 안에 당신이 달성해야 하는 일은 무엇인가?

- 5년 후의 목표에 가까이 다가가기 위해 1년 안에 당신이 달성해야 하는 일은 무엇인가?

- 1년 후의 목표에 가까이 다가가기 위해 3개월 안에 당신이 달성해야 하는 일은 무엇인가?

- 3개월 후의 목표를 달성하기 위해 바로 지금 당신이 할 수 있는 일은 무엇인가?

실행 단계 ─────────────────────────

적어도 3가지 이상을 작성해 보고 행동으로 옮겨라!

❶

❷

❸

☐
☐
☐
☐
☐
☐
☐

다음 차례!

"나를 깨우기 위해
누군가가 귀에다 대고 불어 대는 나팔 소리를 거절하고 후퇴하느니 차라리 다시 시작하겠다."
- 실베스터 스탤론

우리가 가진 커다란 두려움 중 하나는 거절에 대한 두려움이다! 우리는 거절이 두려워 소녀에게 같이 춤추기를 요청하지 못하고, 이력서를 보내지 못하며, 비즈니스 클래스로 항공권 업그레이드 요청도 하지 못하고, 식당에서 최고의 테이블도 요청하지 못한다! 인생의 목표에 도달하기 위해 당신은 거절을 다루는 법을 배워야 한다.

거절 역시 인생의 한 부분이다. 이를 극복하기 위해서는 실패와 마찬가지로 두려움이 단지 마음속에 내재하는 하나의 관념에 불과 하다는 사실을 알아야 한다! 가장 성공적인 사람도 당신과 많이 다 르지 않다. 그들은 단지 거절을 좀 더 잘 다룰 뿐이다! 정말 굉장하 지 않은가?

목표를 향해 가는 여정에서 당신은 아마도 수없이 많은 거절과 마주할 것이다. 그래도 포기하지 말라. 특히 거절을 개인적인 것으 로 받아들이지 말라! 생각해 보라. 당신이 누군가에게 데이트를 신 청했다가 거절당해도 실제로는 아무것도 변하지 않는다. 그 사람은 예전에 당신과 데이트를 즐긴 적도 없고, 지금도 함께 데이트를 하 지 않을 뿐이다. 당신의 상황도 변함없이 똑같다.

거절은 문제가 되지 않는다. 문제는 거절당한 후 당신이 시작하 는 내면의 대화이다. 가령 '내가 하지 못할 줄 진작에 알았어. 내가 충분히 훌륭하지 않다는 점도 알아. 아버지의 말씀이 옳았어. 난 인 생에서 아무것도 해내지 못할 거야' 같은 대화들 말이다. 중요한 것 은 포기하지 않고 계속해 나가는 것이다!

가장 성공적인 판매원의 목표는 하루에 100번의 "아니오"를 듣 는 것이다. 그들은 100번의 "아니오"를 듣는 과정에 몇 번의 "예"도 존재한다는 사실을 잘 알고 있다. 이른바 숫자 게임이다! 성공으로 가는 여정에 수없이 많이 거절당할 준비를 하라. 비결은 포기하지 않는 것이다! 누군가가 "아니요, 괜찮아요"라고 말하면 당신은 '다음 차례'로 인식하라.

당신은 실베스터 스탤론이 주연한 영화 〈록키〉의 대본이 70번 이상 거절당했다는 사실을 알고 있는가? 잭 캔필드와 마크 빅터 한센의 《영혼을 위한 닭고기 수프》는 130차례 거절을 당했고, 캔필드가 백만 부가 팔리길 원한다고 하자 비웃음을 당하기도 했다. 책의 편집자는 그에게 2만 부 정도만 팔려도 행운이라고 말했다. 하지만 초판본만 8백만 부가 팔렸고, 전체 시리즈는 대략 5억 부나 팔렸다. 심지어 조앤 K. 롤링의 《해리 포터》조차도 12차례나 거절을 당했다!

다음 질문에 답해 보라 ─────────────────────

- 당신은 이번 장에서 어떤 것을 빼 버리고 싶은가?

- 지금부터 거절을 어떻게 다룰 것인가?

에너지 도둑을 피하라

"마음의 에너지는 삶의 본질이다."
- 아리스토텔레스

당신의 에너지는 목표와 행복을 향해 더 빨리 나아가도록 힘을 실어 주기에 매우 중요하다. 인생에는 당신의 에너지를 소모하는 것과 더해 주는 것이 존재한다. 에너지의 중요성을 과소평가하지 말라! 에너지를 계속 유지해 나가라!

나의 코칭 과정에서는 고객의 인생에 에너지를 충전하는 활동들을 많이 강조하고, 에너지를 소모하는 느슨한 활동들은 끊어 버린다. 낮은 에너지에서 일을 하면 기분이 좋지 않고, 행복하지 않고, 축 처진 느낌을 발산하고, 당신이 발산하는 것과 똑같은 느낌을 다시 끌어들이게 된다!

건강하지 못한 식습관, 알코올, 마약, 카페인, 설탕, 담배, 운동 부족, 비관적인 성향, 빈정거림, 집중하지 않은 목표, 뉴스 기사, 사람들 사이에서 떠도는 타블로이드판 신문 등 에너지를 소모하는 일에 당신을 노출하는 행위를 그만두라. 이러한 행동들은 당신의 에너지를 소모한다.

동료나 친구, 심지어 당신의 가족 중에 있을지도 모르는 '에너지 도둑'을 주의해야 한다. 왜 당신의 에너지를 고갈시키는 사람들과 함께 시간을 보내는가? 당신의 에너지를 관리하려면 매우 이기적이어야 한다.

- 모든 혼란스러운 것들을 제거하라.
- 완료하지 못한 업무를 완료하라.
- 묵인하는 노력을 하라.
- 에너지를 빼앗아 가는 모든 사람들과의 관계를 청산하라.

다음 질문에 답해 보라 ──────────────

• 당신의 인생에서 무엇이 에너지를 훔쳐 가는가?

• 에너지를 훔치는 사람들과 행위에 어떠한 조치를 취할 것인
가?

- [ ]
- [ ]
- [ ]
- [ ]
- [ ]
- [ ]
- [ ]

시간을 관리하라

"전혀 해서는 안 되는 일을 효과적으로 하는 것만큼 쓸모없는 짓은 없다."
- 피터 F. 드러커

당신은 오랜 초과 근무를 하면서도 다른 모든 일에는 여전히 시간이 충분치 않은가? 당신도 하루에 28시간을 갖고 싶어 하는 사람인가? 불행히도 당신은 이 행성에 사는 다른 모든 사람들처럼 하루에 24시간만 가질 수 있다.

오, 나의 실수! 잊고 있었다. 세상에는 시간 관리 같은 것은 아예 존재하지 않는다! 당신은 시간을 관리할 수 없다! 당신이 유일하게 할 수 있는 일은 시간을 현명하게 사용하고, 일의 우선순위를 관리하는 것이다. 나를 찾아오는 대부분의 사람들은 말한다.

"저는 (   )할 시간이 없어요(빈칸을 채워 보라)."

시간을 얻기 위한 가장 빠른 방법은 매일 TV를 한 시간 적게 보는 것이다. 그러면 1년이면 365시간이 되고, 한 달이면 약 30시간에 해당된다! 일주일에 7시간의 여유가 있다면 당신은 어떠한 일을 하겠는가? 좀 더 시간을 얻는 또 다른 방법은 일찍 일어나는 것이다.

일의 우선순위를 정하여 당신의 시간을 투자할 활동을 선택하라. 언제 시간적으로 가능하고 불가능한지를 명확하게 정하고, 절대 나른 사람들이 당신의 시간을 빼앗지 못하게 하라. 재미있는 사실은 당신이 시간을 소중히 여길수록 다른 사람들도 당신의 시간을 소중히 여긴다는 것이다. 그러면 시간적인 여유를 더 많이 가지게 된다.

사람들이 항상 당신을 방해하도록 내버려 둔다면 근본적으로 당신의 시간은 소중하지 않다는 사실을 보여 주는 것이다. 그러면 당신이 아무리 많은 시간 동안 일을 한다고 해도 효과적으로 업무를 수행할 수 없다. 최근 연구는 일터에서 매 5분마다 방해를 하면 결국 당신은 총 12분을 허비하게 된다는 사실을 밝혀냈다. 사람의 뇌는 다시 집중하기 위해 7분의 시간이 필요하기 때문이다!

당신은 하루에 얼마나 많은 방해를 경험하는가? 10회? 20회? 당신이 방해받는 횟수만 줄여도 얼마나 많은 여유 시간을 가질지 상상해 보라. 3분 동안의 방해는 매번 당신에게 10분을 허비하게 만든다. 당신이 하루에 12차례의 방해를 받는다고 가정해 보면 2시간을 그냥 낭비하는 것과 다름없다! 한 달이면 무려 일주일을 더 일한 것과 같다! 동료나 친구, 고객이 당신을 방해하게 하지 말라! 지금 당장 이 명백한 사실을 규칙으로 설정하라.

또 다른 주요 시간 도둑은 소셜 미디어와 이메일이다. 소셜 미디어 활동과 이메일 확인을 위해 고정적으로 시간을 설정하는 방법을 쓰면 많은 시간을 얻는다.

내가 개인적으로 최고로 여기는 시간 절약 노하우는 일요일에 30~60분 정도를 투자해 일주일을 미리 계획하는 것이다. 나는 개인적인 목표와 직업상의 목표를 일주일 단위로 엑셀 시트에 기록해 둔다. 어느 정도의 여유 시간, 기력 회복용 낮잠Power nap, 독서와 명상 등을 위한 휴식 시간, 비상시를 대비한 완충 시간도 계산해 넣는 것을 잊지 말라. 또한 다음 날 계획을 위해 매일 15분을 사용하기도 한다.

이러한 방식으로 나는 잠재의식에게도 자는 동안 일할 기회를 준다. 이것은 아주 효과적이다! 다음 날 내가 업무를 시작하는 동안 많은 생각을 할 필요가 없다. 일하러 가기만 하면 된다.

시간 절약을 위한 몇 가지 팁

• 날짜와 소요되는 시간을 함께 기재하여 일의 목록을 작성하라.

• 전화 통화 시간을 매 통화당 5분으로 제한하라.

• 당신이 거는 통화에서는 원하는 결과를 미리 인지하라.

• 미리 설정한 시간에 맞추어 일하면 좀 더 빨리 마칠 것이다.

• 매일 저녁에 다음 날 당신이 하고 싶은 일 5가지를 작성하고,
우선순위를 매겨 목록으로 만들라.

• 시간을 구획으로 나누라(한 구획당 90분씩).

• 당신의 시간을 추적하라. 매일 활동을 추적함으로써 현재 당
신이 시간을 어떻게 사용하고 있는지 살펴보라.

• 불쾌한 일을 먼저 하라.

• 바쁜 상황을 멈추고 결과를 위해 노력하라.

다음의 시간 도둑들을 조심하라

• 업무를 완수하기 위한 정보의 부족.

• 당신 스스로 모든 것을 다한다(위임은 선택 사항인가?).

• 당신은 쉽게 산만해진다(집중의 경계를 설정하라!).

• 당신의 전화 통화가 너무 길다(5분으로 제한하라).

- 파일을 찾기에 너무 많은 시간을 사용한다(조직화하라!).
- 당신은 똑같은 방식으로 계속해서 일하지만, 보다 효율적인 방법이 있음을 깨닫지 못한다.
- 당신은 언제 어디서든 연락 가능한 상태여야 한다고 생각한다 (정말로?).

그다음으로 무엇을 하려는가? 당신은 시간이 없다고 변명만 늘어놓을 것인가? 아니면 당신은 한 번에 사소한 것 한 가지라도 시작해서 스스로 변화를 경험할 것인가? 당신은 어떤 일을 하려 하는가? 모두 결정과 습관에 관한 사항이란 사실을 기억하라!

실행 단계 ───────────────────────

당신이 지금 당장 시작할 5가지 일들을 적어 보라.

❶

❷

❸

❹

❺

- [ ]
- [ ]
- [ ]
- [ ]
- [ ]
- [ ]
- [ ]

정리를 시작하라

"정리는 무언가 하기 전에 모든 것이 뒤섞이지 않도록 미리 하는 것이다."
- A. A. 밀른

당신은 너무 바빠서 정리는 꿈도 꿀 수 없는가? 당신은 종이로 된 산으로 둘러싸여 있으며, 테이블에는 온통 포스트잇이 넘쳐 나는가? 당신은 정말로 바쁘다고 느껴져 숨조차 제대로 쉴 수 없으며, 비록 여분의 시간을 활용해도 업무를 제대로 처리할 수 없는가? 그렇다면 세심하게 읽어 보기 바란다. 특히 당신에게 이야기하는 중이니까!

당신은 정리하느라 너무 바쁜 것이 아니다. 너무 바빠서 정리가 되지 않았기 때문이다! 더 나쁜 점은 바쁘다고 해서 당신이 효과적으로 일한다는 의미가 아니라는 사실이다! 단지 사무실에서 가장 어질러진 테이블을 가지고 있다는 이유만으로 당신이 제일 열심히 일하는 직원이 아니란 말이다. 오늘날의 임원들은 업무 시간의 30~50%를 서류 검색에 사용한다는 연구도 있다. 믿을 수 있겠는가?

나의 직원들은 당신의 인생을 바꿀 수 있다고 생각해서 아래의 작은 팁들을 시도해 보았다! 나는 그곳에 있으면서 아래의 조언들을 사용하여 상황을 호전시켰다.

- 일하는 날의 처음 15분은 해야 할 일의 우선순위를 정하기 위해 사용하라.
- 일주일에 한 시간은 서류를 보관하고 철하기 위해 사용하라.
- 하루의 15분은 쓸모없는 서류들을 처리하고 책상을 정리하기 위해 사용하라.
- 일하는 날의 마지막 15분은 내일 할 일을 조사하고 결정하기 위해 이용하라. 어떤 일이 중요한가? 어떤 일이 긴급을 요하는가?
- 해야 할 일의 목록으로 이메일의 받은 메일함을 사용해 보라. 해결된 일은 컴퓨터에 저장하고, 아직 해결하지 못한 일들은

받은 메일함에 그대로 남겨 두라.

• 당신이 5분 미만으로 해결할 수 있는 이메일이나 업무가 있다면 즉시 처리하라!

• 당신을 스스로 통제할 상태가 되기까지 어떠한 새로운 일도 받아들여서는 안 된다.

• 나중에 그 일이 다시 당신에게 나타나 좀 더 많은 시간을 허비하지 않도록 처음부터 즉시 처리하라.

항상 자신의 일을 가장 빠르지만 완전하지는 못하게 끝내는 동료가 있다고 하자. 당신은 일 처리 과정의 매 단계마다 정보를 얻기 위해 그를 찾아간 경험이 있는가? 그는 15분이 걸리지만 정확성이 요구되는 문서를 단번에 처리하는 대신, 단지 5분 만에 날치기로 해치운다. 나중에 당신이 3번 더 그를 찾아가야 해서 결국 30분이란 시간을 허비하게 만드는 것이다. 15분이면 끝낼 일이 그로 인해 실제로는 35분이 걸린 셈이다.

처음 한 번으로 제대로 업무를 마쳐라! 이 책에 실린 다른 모든 내용들과 마찬가지로 "나에게 해당되지 않아"라는 말은 변명이 될 수 없다! 적어도 2주 동안 문제를 개선하기 위해 노력해 보라. 기간이 지난 후에도 여전히 문제가 해결되지 않는다면 나에게 이메일을 보내서 항의하라!

실행 단계 ―――――――――――――――――――――――――――――

당신이 맨 처음 시도해 볼 조언은 무엇인가?

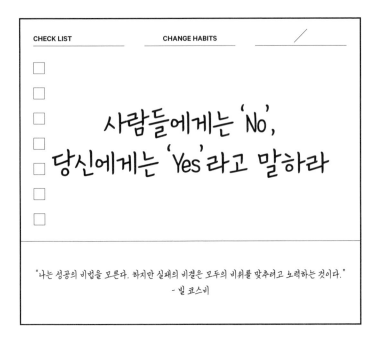

CHECK LIST   CHANGE HABITS

- [ ]
- [ ]
- [ ]
- [ ]
- [ ]
- [ ]
- [ ]

사람들에게는 'No',
당신에게는 'Yes'라고 말하라

"나는 성공의 비법을 모른다. 하지만 실패의 비결은 모두의 비위를 맞추려고 노력하는 것이다."
- 빌 코스비

내 인생을 향상시켰던 또 하나의 훈련이 있다. 내가 다른 사람을 만족시키려 애쓰던 것을 멈추고 자신에게 솔직해지기 시작하자 많은 일들에 "아니오"를 외치게 되었다. 당신이 '부정'을 의미하는 "아니오"라는 말을 매번 할 때마다 실제로는 자신에게 "예"라고 말하는 것이다!

나는 "아니오"라고 말하는 법을 익히기 전에는 비록 가길 원하지 않거나 즐기지 않는 행사라도 종종 친구들과 함께 가곤 했다. 결과적으로 나의 육체는 그곳에 있지만 정신은 다른 장소에 있었다. 솔직히 나는 최고의 일행은 아니었다. 내가 "예"는 "예"로, "아니오"는 "아니오"로 정확히 말하기로 결심하자 기분이 좋아졌다. 처음에는 친구들과의 외출을 줄이며 "아니오"라고 말하기가 무척 힘들었지만, 결과적으로 이제 나는 친구들과 같이 있으면 몸도 마음도 완전히 함께하게 되었다.

업무에서의 영향력은 훨씬 더 컸다. 나는 스페인에서 업무를 시작하면서 훌륭한 동료가 되고 싶었다. 나에게 들어오는 모든 요청에 "예"라고 대답했다. 어떤 일이 일어났을까? 나는 보통 아무도 원하지 않는 일에 관한 많은 부탁을 받았다. 결국 직장에서 완전히 압도당하고 말았다. 난 잠시 동안이나마 단호하게 맞서 보기도 했지만, '더 이상은 안 돼!'라고 생각했다. 그때부터 모든 부탁에 따르는 나의 첫 대답은 다음처럼 되었다.

"아니요! 미안합니다. 전 할 수 없어요. 지금은 매우 바쁘거든요!"

자주 "아니오"라고 말하기 시작하면서부터 나의 직장 생활은 엄청나게 향상되었다. 실질적으로 많은 여유 시간도 생겼다. 당신은 아무런 죄책감 없이 단호히 "아니오"라고 대답할 수 있어야 한다! 부탁하는 사람에게 어떤 개인적인 불만을 가져서가 아니라, 단지 당신의 행복을 위해 거절한다고 설명해 줄 수도 있다.

마음만 먹었다면 당시에도 동료들의 부탁을 충분히 들어줄 수 있었다. 갑자기 나는 결정권자가 되어 있었다. 만일 논의의 대상으로 삼았다면 나는 요청하는 동료에게 단지 부탁받은 일만 할 뿐이라며, 어떠한 경우에도 내 업무를 제대로 수행할 수 없다고 말했을 것이다.

이기적이라고 생각하는가? 하지만 당신의 인생에서 누가 가장 중요한 사람인지 명심하라. 정답은 당신! 바로 당신이 인생의 주인공이다! 당신은 행복하게 잘 살아야 한다! 단지 당신 스스로 잘 살기만 한다면 다른 이들에게도 잘할 수 있다. 당신은 다른 사람들에게 기여할 수도 있지만, 그전에 우선 당신이 먼저 잘 살고 행복해져야만 한다.

처음에는 시간을 벌고 확실한 결정을 내리기 전까지 "아마도"라고 말할 수도 있다. 차츰 당신이 "아니오"라고 말하기 시작한다면 인생은 훨씬 쉬워진다!

다음 질문에 답해 보라

- 당신은 누구의 인생을 살고 있는가? 당신은 자신의 인생을 살고 있는가, 아니면 타인의 기대치를 만족시키기 위해 노력하는 인생을 살고 있는가?

• 지금 당장 시작한다면 누구에게 "아니오"라고 말할 것이고, 어떤 말을 덧붙일 것인가?

실행 단계 ───────────────────────

당신이 그만하고자 하는 일의 목록을 작성해 보라!

- [ ]
- [ ]
- [ ]
- [ ]
- [ ]
- [ ]
- [ ]

일찍 일어나고
적게 자라

"해가 뜨기 전에 일어나는 것이 좋다. 그러한 습관은 건강과 재산, 지혜를 가져다준다."
- 아리스토텔레스

한 시간 먼저 일어나기의 첫 번째 이점은 1년에 대략 365시간을 벌 수 있다는 것이다. 무려 365시간이다! 누가 "나는 시간이 없어!"라고 말한단 말인가? 고객이 시간이 없다고 말하면 나는 하루에 몇 시간 동안 TV를 시청하는지 먼저 물어본다. 보통 이 질문 하나로도 고객이 필요로 하는 시간을 제공해 줄 수 있다. TV 시청을 그만두었음에도 여전히 시간이 부족하다고 말하면 나는 아침에 한 시간 일찍 일어나라고 조언한다. 해 뜨기 전의 아침 시간에는 매우 특별한 에너지가 존재한다.

대략 5시 30분이나 6시쯤으로 기상 시간을 변경한 이후 내 인생은 완전히 바뀌었다. 나는 훨씬 더 차분하고 편안한 상태이며, 이미 스트레스로 얼룩져 버린 하루를 시작하지 않는다. 나는 조깅 후 돌아오는 길에 지중해에서 떠오르는 태양을 보기 위해 거의 매일 아침 30분을 달린다. 이것은 실로 경탄할 만한 일이며, 나를 절대적 행복감에 휩싸이게 만든다.

해변에 살지 않더라도 들판에서, 숲에서, 심지어 대도시에서의 일출도 흥분을 안겨다 주기에 부족함이 없다. 그냥 가서 감상하라. 일찍 하루를 시작하는 것은 당신의 행복과 마음의 평화에 도움을 준다.

아침에 일찍 일어나는 일의 또 다른 커다란 장점은 자기 수양을 강화하고 자부심이 높아진다는 점이다. 넬슨 만델라, 마하트마 간디, 버락 오바마 같은 많은 성공적인 리더들은 '일찍 일어나는 새 클럽Early Bird Club'의 회원이었거나 여전히 회원으로 활동 중이다.

매일 밤 6시간의 수면과 30분~60분간의 기력 회복용 낮잠을 병행하는 것만으로도 충분하다는 사실이 과학적으로 입증되었다. 당신의 생생함은 잠의 질에 따르지, 잠의 양에 좌우되는 것은 아니다. 당신이 상쾌함을 느끼는 수면이 하루에 몇 시간인지 알아내려고 노력해야 한다. 당신이 반드시 시도해 보기를 바란다. 삶의 질을 엄청나게 향상시켜 줄 것이다.

아침 일찍 일어나기는 새로운 습관이다. 시간적인 여유를 가지고 노력해야 한다. 일주일 동안 시도했음에도 일찍 일어난 후 여전히 피곤하다고 해서 포기해서는 안 된다. 일반적으로 습관의 효과가 나타나기까지 적어도 3~4주는 걸린다. 도저히 한 시간 일찍 일어나기가 불가능하다고 여겨지면 30분으로 변경해서 시도해 보라. 한 시간 일찍 일어나기가 대단히 큰 역할을 한다는 사실에 대한 태도나 생각, 믿음이 절대로 바뀌어서는 안 된다.

7~8시간 잠을 자고 일터로 가기 위해 6시 45분경에 일어나는 것이 왜 그리 힘든지는 내게 흥미로운 사안이었다. 예전에는 휴가 기간 동안 보통 하루에 4시간을 자고도 자명종이 울리기 전에 일어났지만, 나는 완전하게 재충전되어 에너지가 넘쳤다. 결국 일어나거나 자명종의 시간 연장 버튼을 누르는 것은 당신이 내리는 결정이다. 모두 당신에게 달린 것이다.

- [ ]
- [ ]
- [ ]
- [ ]
- [ ]
- [ ]
- [ ]

대중 매체를 피하라

"뉴스는 미화된 험담이다."
- 모코코마 모코아나

당신은 빠른 성장을 만들어 내고 싶어 한다. 그렇지 않은가? 많은 에너지와 시간을 되찾는 한 가지 팁이 있다! 당신은 '바보상자' 앞에서 하루에 몇 시간을 보내고 있는가? 미국인은 TV 앞에서 하루 평균 4~5시간을 보내는데, 유럽인들도 마찬가지다. 일주일이면 28~35시간이다! 그야말로 당신이 얻을 수 있는 실로 엄청난 시간이다!

시간을 얻는 일을 차치하고라도 훨씬 더 큰 부작용이 있다! 비록 1위는 아니지만 TV는 큰 에너지 소모 품목에 속한다! TV를 시청하고 난 후 원기가 회복되었거나 에너지가 재충전된 느낌을 받아본 적 있는가?

뉴스 보기를 그만두거나 아예 TV를 꺼 버리는 편이 낫다! 왜 당신은 너무나 많은 부정적인 사건들에 자신을 노출시키려고 하는가? TV 속의 넘쳐 나는 쓰레기에 당신을 노출시키지 말라! TV 보는 습관을 산책이나 가족과 더 많은 시간 보내기, 좋은 책 읽기 등 보다 건강한 습관으로 바꾸라.

나는 수년 전 일터로 가는 기차 안에서 아침 뉴스로 나오는 속상한 사건들을 접하면서 깨달은 바가 있어 뉴스 시청을 그만두었다. 당시 '정치인 A가 한 말과 은행원 B가 했던 행동, C 지역에서 일어난 전쟁 등으로 받은 스트레스 상태로는 스트레스가 기다리는 일터로 도저히 못 가겠다'는 생각이 들었다. 뉴스 시청을 그만둔 지 일주일이 지났을 뿐인데도 나는 훨씬 좋아진 느낌을 받았다!

믿지 못하겠는가? 본인이 직접 해 보라! 일주일 동안 뉴스를 보지 않으면 기분이 어떤지 한번 느껴 보라. 비록 스페인에서는 '무식한 사람이 가장 행복한 사람이다'라고 말하지만, 그렇다고 당신에게 무식해지라고 말하는 것은 아니다. 당신은 여전히 신문을 볼 수 있지 않은가.

나는 신문도 헤드라인만 보기를 추천한다. 그렇더라도 여전히 최신 소식들로 업데이트될 것이다. 당신의 가족, 친구나 동료들이 계속해서 새로운 소식들을 전해 줄 테니까 말이다. 당신의 마음을 노출시킬 쓰레기의 양에 선택적으로 행동하라.

당신이 텔레비전 시청을 중단해야 하는 좀 더 많은 이유가 필요한가? 미디어가 우리를 어떻게 조종하며, 거의 모든 정보가 어떻게 날조되는지에 대한 좋은 책 하나를 골라 읽어 보라.

당신에게 노출되는 정보를 통제하라. 이 점을 확실히 생활에 반영하라. 쓰레기 TV 프로그램들을 시청하는 대신 다큐멘터리나 코미디 프로그램을 시청하라. 당신의 승용차 안에서는 뉴스를 듣는 대신 오디오 북이나 동기를 유발하는 강연 프로그램을 들어라.

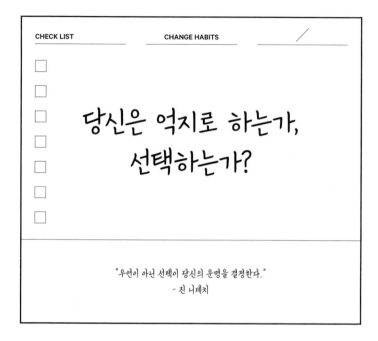

당신은 억지로 하는가, 선택하는가?

"우연이 아닌 선택이 당신의 운명을 결정한다."
- 진 니체치

당신의 인생에 해야 할 일들이 넘쳐 남에도 하지 않고 있는가? 당신의 인생에 얼마나 많은 '해야 할 일들'이 있는가? 당신은 운동을 해야 하고, 헬스클럽에도 가야 하고, 담배도 끊어야 하고, 건강한 식사를 해야 하고, 가족들과 많은 시간을 보내야 하는가?

그러한 '해야 할 일들'은 당신에게 어떠한 도움도 주지 못한다. 오히려 양심의 가책과 자기 학대를 동반하기 마련이다. 단지 당신이 충분한 능력을 갖추고 있지 않다는 점을 암시하고, 당신의 에너지를 소모할 따름이다.

'왜 나는 헬스클럽에 가지 않으면 안 되는가?', '난 왜 그렇게 부족한가!', '난 절대로 체중을 줄일 수 없어' 등등 당신이 '해야 할 일들'에 대한 목록을 작성해 보고 그냥 잊어버려라!

뭐라고? 그냥 잊어버리라고? 그렇다! 나는 지금 농담을 하는 것이 아니다. 그냥 잊어라! 만일 당신이 작년부터 목표를 세웠지만 이후 아무것도 하지 않았다면 아예 잊어버리는 편이 더 낫다는 뜻이다. 목표와 함께, 이행하지 못했다는 양심의 가책과 자기 학대도 떨쳐 버려라.

당신의 '해야 할 일들' 목록은 모두 던져 버리고 몇 가지 새로운 목표를 설정하라! '해야 할 일들'은 이제 멈추고 대신 목표를 선택하라. '나는 해야 한다'나 '나는 반드시 해야 한다'를 '나는 그렇게 하기로 선택했다'와 '나는 그렇게 하기로 결정했다', '나는 그렇게 할 것이다', '나는 그렇게 하는 편이 더 마음에 들어' 같은 표현으로 대체하는 것은 매우 중요하다.

'나는 운동을 좀 더 하기로 결정했어', '나는 보다 건강한 식사를 할 거야', '나는 독서를 많이 하기로 결심했어' 같은 문장에서 어떤 느낌이 드는가? 당신의 활동을 즐기는 것은 매우 중요하다. 그렇지 못하다면 차라리 하지 말라.

연습

❶ 나는 (Ⓐ)를 해야 한다

❷ (Ⓐ)를 하지 않는다면 (Ⓑ)와 같은 일이 일어날 것이다.

❸ (Ⓑ)가 일어난다면 다음으로 (Ⓒ), 다시 (Ⓓ), 그다음 (Ⓔ), 그리고 (Ⓩ)가 연속해서 일어날 것이다.

❹ 나는 (Ⓩ)를 하기보다 (Ⓐ)를 하기를 더 선호한다. 그것이 내가 (Ⓐ)를 선택한 이유이다.

실행 단계

'해야 할 일들'의 목록을 작성한 후 놓아 버리거나, 아니면 '나는 그것을 선택했다'나 '나는 그것을 하기로 결정했다'를 사용한 문장으로 바꾸라.

☐
☐
☐
☐
☐
☐
☐

두려움에 맞서라

"멈춰서 두려움에 떨게 만드는 모든 경험을 통해 강인함, 용기, 자신감을 얻는다.
할 수 없다고 생각되는 일은 반드시 해야 한다."
- 엘리노어 루스벨트

두려움으로 좌절하거나, 제한받거나, 무력해지지 말라! 데이비드 J. 슈왈츠는 말했다.

"당신이 두려워하는 일을 하라. 그러면 당신의 두려움은 사라질 것이다."

마크 트웨인은 100년보다도 더 이전에 알고 있었다.

"20년 후에는 당신이 한 일보다 하지 않은 일에 더욱 실망할 것

115

이다."

내가 좋아하는 문구 중 하나는 이것이다.

"당신이 한 일을 절대 후회하지 말라. 오직 당신이 하지 않은 일을 후회하라!"

그러니 두려움에 맞서라! 두려움의 90%는 그저 순전히 상상일 뿐이다. 현실이 아닌 환상이다! T. 하브 에커가 말한 대로, 결코 일어나지 않을 듯한 드라마나 재앙 이야기는 계속 안전지대에 머물도록 당신의 마음이 만들어 낸 허구일 뿐이다. 유일한 문제점은 발전, 성장, 성공 같은 위대한 일들은 안전지대 밖에서 일어난다는 것이다.

두려움은 당신 마음의 생존 기제이다. 당신의 마음은 안전하게 지내길 바라며, 마음이 알지 못하는 것은 위협으로 다가온다. 나는 지금껏 살아오며 많은 두려움들을 경험했고, 지금도 마찬가지다. 하지만 두려움을 극복하면서 두려움 뒤에 숨겨진 위대한 기회들이 나를 기다리고 있다는 사실을 깨달았다. 나는 두려움을 인생의 도약판으로 활용할 습관을 개발했다.

'내가 만일 이것을 한다면 어떤 최악의 상황이 벌어질까?'라고 자신에게 물어보라. 그러고 난 후 감수할 만한 위험인지 평가하라. 단 조심해야 한다! 위험을 감수하지 않거나 안전지대에서 한 발짝 벗어나기 위한 비용이 존재한다. 안전지대에 머물거나 그 일을 하지 않는 데 따른 비용은 얼마인가? 위험을 감수할 때보다 비싼가? 여기엔 평화나 행복, 건강과 같은 만질 수 없는 무형의 비용들도 포함된다.

두려움과의 관계를 개선하라. 두려움이 당신에게 경고하고 상담하게 하라. 두려움이 당신을 무능하게 만들도록 내버려 두어서는 안 된다! 예를 하나 들어 보자. 나는 두려움 때문에 전체적으로 무력화된 상태였고, 변화나 알지 못함에 대한 두려움으로 5년간이나 직업에만 매달려 지냈다. 지금은 두려움과 의심이 엄습해 오는 것을 느끼면 자신에게 말한다.

"음, 너무나도 많은 의심과 두려움이 존재한다면 정말로 인생의 좋은 행로에 있음에 틀림없다. 조치를 취하는 것이 좋겠어."

새로운 것을 시도하고 불가능해 보이는 일에 도전하라! 아이러니하게도 일단 극복하기만 한다면 가장 두려워하는 것이 당신의 발전과 성장을 위한 확실한 무언가를 가지고 있을 것이다.

당신이 두려워하는 일을 하라. 당신이 원하지 않는 전화를 하고, 원하지 않는 메일을 보내고, 대하기 두려워하는 사람에게 요청한 다음 어떤 일이 일어나는지 살펴보라. 당신이 두려움을 알아챘다면 자세히 살펴보고 관찰하고 분석하라. 하지만 두려움을 절대로 믿어서는 안 된다. 대신 질문을 던져 보라.

"두려움, 내 오랜 친구여! 자네는 여기에서 뭘 하고 있는가? 나에게 경고를 해 주고 싶은가? 아니면 나를 무력하게 만들고 싶은가? 자네는 나와 어떤 게임을 하고 싶은가?"

당신은 무엇을 두려워하는가? 실패? 성공? 실수? 잘못된 결정? 수잔 제퍼스는 말했다.

"두려움을 느껴도 그냥 일을 진행하라."

그렇게 하라! 새로운 영역에 도전해 보고 싶으면 얼마간의 위험을 감수하고 계속해서 당신이 두려워하는 일들을 해 나가야 한다. 교훈을 얻을 수 있다면 실수 따윈 아무런 문제가 되지 않는다. 물론 똑같은 실수를 계속해서 반복해서는 안 된다. 어쨌든 똑같은 일을 선택하는 것도 결정이고, 결정을 내리지 않거나 질질 끌고 가는 것 역시 결정이나!

질문에 대한 답을 수련장이나 일지에 적어 보라 ───────

- 당신이 원하는 인생을 가로막는 것은 무엇인가?

- 당신의 현재 모습을 정당화하기 위해 어떠한 변명을 하고 있는가?

- 당신이 두려워하는 일을 해서 일어날 최악의 상황은 무엇인가?

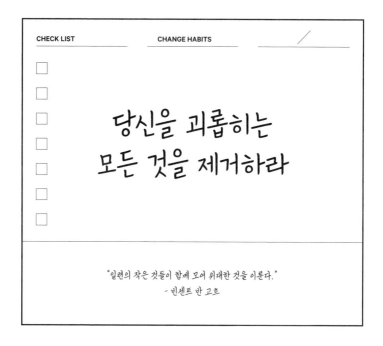

CHECK LIST   CHANGE HABITS

당신을 괴롭히는
모든 것을 제거하라

"일련의 작은 것들이 함께 모여 위대한 것을 이룬다."
- 빈센트 반 고흐

일반적으로 내가 고객을 코칭하면서 맨 먼저 하는 연습 중 하나다. 당신을 괴롭히는 모든 것들은 에너지를 낭비하게 만든다. 코칭할 때 우리는 '묵인'이라고 부른다. 당신이 가장 좋아하는 셔츠에서 떨어져 나간 단추, 욕실의 더러워진 커튼, 닫아 놓지 않은 부엌의 선반, 세세한 점까지 지적하는 상관, 갚아야 할 빚, 정리가 안 된 고객 대기실, 부러진 도구들, 지저분하고 엉망인 책상, 더 이상 맞지 않는 옷 등과 같은 것들이 묵인이다.

잘못된 것들을 바로잡지 않는 한 계속해서 당신의 에너지를 빼앗아 간다. 그러한 일들을 제거하자마자 당신은 스스로를 발전시킬 일에 집중할 에너지를 좀 더 가지게 된다. 연습은 개인적인 생활에서부터 직장, 집, 친구와의 관계, 자신에 이르기까지 주변의 모든 영역에서 당신을 괴롭히는 일들의 목록을 작성하는 것이다.

당신이 50~100가지의 일들을 적었더라도 두려워하지 말라. 그것은 정상이다. 일단 모든 것을 적고 종류별로 묶어라. 어떠한 것들이 처리하기 쉬운가? 당신이 처리할 만한 것은 무엇인가? 당신의 의지와 상관없는 일은 그냥 내버려 두라. 2주에서 3주 정도 지난 후 다시 한 번 살펴보라.

재미있는 사실이 있다. 내가 고객과 함께 살펴본 것은 의지와 상관없는 묵인의 일부였다. 일단 스스로 처리할 만한 것들을 해결해 나가자 해결할 수 없는 문제들도 저절로 사라져 버렸다. 예를 하나 들어 본다.

고객 마르티나는 회사 동료와의 관계에 커다란 문제를 안고 있어 매일 에너지를 낭비하는 중이었다. 그녀는 스스로 다룰 수 있는 묵인을 훈련했고, 목록의 내용을 점점 줄여 나갔다. 3개월 후 그녀의 동료는 갑자기 직업을 바꾸고 회사를 떠나 버렸다! 단지 우연의 일치인가, 아니면 묵인에 대한 그녀의 훈련 결과인가? 선택은 당신에게 맡기겠다.

　진실은 바로 이것이다. 그녀가 지금 회사에서 더욱 행복해졌다는 것! 직접 시도해 보고 나에게 계속 알려 주기 바란다!

실행 단계 —————————————————————————

❶ 개인적인 삶, 직장, 가정, 친구, 자신 등 당신을 괴롭히는 모든 것에 관한 목록을 작성하라.

❷ 위에서 설명한 대로 훈련을 시작하라!

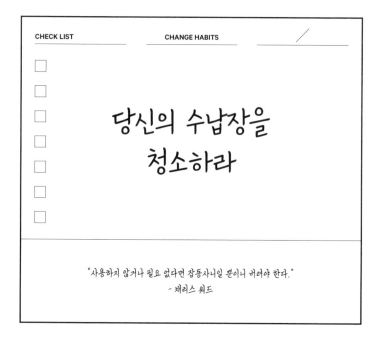

CHECK LIST   CHANGE HABITS

당신의 수납장을
청소하라

"사용하지 않거나 필요 없다면 잡동사니일 뿐이니 버려야 한다."
- 채리스 워드

당신은 무언가 새로운 것이 인생으로 들어오기를 바라는가? 당신이 무언가를 없애고 공간을 만들자마자 우주가 순식간에 다시 채워 버린다는 사실을 눈치챘는가? 이것은 에너지 때문에 일어나는 현상이다. 사용하지도 않는 너무 많은 물건을 집에 쌓아 둔다면 당신의 에너지는 빠져나간다!

당신의 전체 환경을 개선하는 훈련에는 정리 정돈도 포함되어 있다. 당신의 수납장부터 시작하라. 몇 가지 팁이 있다.

- 1년간 입지 않은 옷은 더 이상 입지 않는 옷이다.
- '특별한 날 하루 동안만 필요한 물건이야', '이건 과거 좋았던 시절을 생각나게 해'라고 판단되면 처분해야 할 대상이다.

주변을 정리하면서 나는 보통 공짜로 물건들을 다른 사람에게 줘 버린다. 그러면 나는 기분이 좋아지며 어떻게든 나의 인생이, 신이, 전 우주가 보상을 해 주리라 생각하게 된다.

일단 수납장을 정리하고 나면 침실도 정리한다. 나중에는 거실, 차고를 거쳐 결국 당신의 집 전체와 사무실까지 정리한다. 옷이나 잡지, 책, CD 등 가구까지 포함하여 더 이상 사용하지 않는 물건을 처분하라.

고객 중 한 명은 일주일 만에 자신의 아파트 전체를 정리했다. 지금은 너무나 기분 좋고 가벼운 느낌으로 모든 단기 목표들을 달성하는 데 도움을 주는 에너지 증폭기를 가지게 되었다. 그는 절대로 후회하지 않는다. 당신은 언제 정돈을 시작할 생각인가?

일주일 동안 더 이상 사용하지 않는 모든 물건들을 처분하라! 지
금 당장 일주일 치의 계획을 세워라!

정리 정돈과
묵인은 함께 간다

"어수선함은 미루어진 결정에 불과하다."
- 바바라 헴필

　정리 정돈과 묵인은 서로 함께 간다. 내 고객 중 한 명으로, 진정한 인생을 살고 있는 로렌스가 정리 정돈하는 과정에서 어떤 일이 일어났는지 설명하는 내용을 들어 보자.

　"제 인생을 정리하는 과정을 경험하는 동안 마치 스스로 새로운 자유를 느끼는 기분이었습니다. 정리 안 된 어수선함이 무엇인지 이해하기 전에는 그저 나쁜 습관을 선택하는 인생을 살았습니다.

그냥 되는 대로 꿈을 단념하는 인생이었습니다. 하지만 담배를 피우거나 술을 마시는 나쁜 습관은 아니었습니다.

처음에는 단지 시시해 보이는 작은 '묵인'에 불과했지만, 살아가면서 점점 더 많은 습관을 가지게 되었습니다. 결국 도저히 바꿀 수 없다는 생각을 받아들이게 되었고, 스스로 압도당할 때까지 부담감만 더해 갔습니다. 그러한 묵인들은 제가 나무늘보처럼 느릿느릿 움직이고 나태하다고 느끼게 했습니다.

미루고 지연하는 행동들, 잠의 부족, 직장에서의 성취감 부재, 너무 잦은 이용으로 익숙해진 포장 음식, 좀 더 많은 성공을 이루지 못하는 저에 대한 못마땅함……. 어딘가에서 저는 인생의 목표라는 전망을 잃었습니다. 단지 묵인들은 제가 고립되었다고 느낄 때까지 주변 모든 환경을 엉망으로 만들도록 내버려 두었습니다.

코치인 마크가 정리 정돈하는 법을 소개했을 때는 정말로 제 인생에 있어 혁명과도 같았습니다. 저는 즉시 의미를 이해했습니다. 하지만 왜 이렇게 살아왔고, 생활을 어떻게 고쳐 나가야 지금까지 저를 괴롭혔던 환경에서 벗어날지는 몰랐습니다. 마크가 도움을 주기 위해 마련한 도구들 덕분에 저의 묵인들이 무엇인지 인지하였습니다.

지금은 그것들을 하나하나 내려놓기 위해 노력하고 있습니다. 저는 빠르게 바로잡고 제거해야 했던 일들을 잘 알고 있습니다. 여전히 열리지 않는 창문을 수리하거나, 나가기 전에 창고에 남겨 둔 그림들을 벽에 걸거나, 불편한 낡은 매트리스를 새것으로 가는 일들 말입니다. 저는 또한 회사에서 어려운 일에 도전해 보거나 생산적인 일을 통해 희열을 맛보는 것처럼 해결에 많은 시간이 걸리는 묵인들도 인지하고 있습니다. 항상 그러한 일들을 해결하기 위해 노력합니다.

제가 했던 일을 파악하고 스스로를 책임질 줄 아는 사람으로 생각하기 위해 모든 것을 기록해 왔습니다. 훈련하고 처리해 나가는 과정에서 새로운 묵인을 발견하면 역시나 기록합니다. 마음속에 서로 뒤섞여 있고 인생의 속도를 늦추는 묵인들을 정리하는 일은 저를 10배는 더 가볍게 만들어 주었습니다.

저는 더욱 많은 에너지와 용기, 열정을 가지게 되었습니다. 묵인을 정리하면서 주변의 물질적인 환경도 정리되는 것을 발견했습니다. 제 아파트는 더 깨끗하고 더 많이 열려 있습니다. 아무런 어지러움과 잡동사니가 없는 환경이 갖추어진 집에서 살고 있는 느낌입니다."

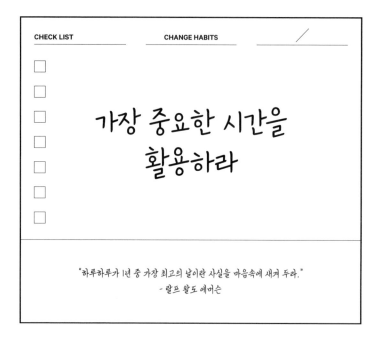

가장 중요한 시간을 활용하라

> "하루하루가 1년 중 가장 최고의 날이란 사실을 마음속에 새겨 두라."
> - 랄프 왈도 에머슨

하루 중 가장 중요한 시간은 잠에서 깨어난 후 30분과 잠자리에 들기 전 30분이다. 잠재의식의 이해력이 매우 빠른 시간인 이때 당신이 어떤 일을 하는가는 매우 중요한 사안이다. 하루를 시작하는 방식은 나머지 시간을 보내는 방식에 지대한 영향을 미친다.

나는 당신이 잘못된 출발로 시작하여 계속해서 나빠지기만 하는 하루를 보내거나, 반대로 모든 일이 뜻대로 잘되리라는 느낌을 가지고 잠에서 깨어나 당신 생각대로 하루가 진행되는 인생을 살아왔다고 확신한다. 그것이 바로 하루를 잘 시작해야 하는 중요한 이유이다.

우리 중 대부분은 아침에 잠자리에서 일어나자마자 1분도 안 돼 급히 서두르기 시작하며, 하루 종일 같은 방식으로 풀어 가고 있다. 요즘 대부분의 사람들이 스트레스에 몸살을 앓는 것은 당연하다. 아침에 30분이나 한 시간 정도 일찍 일어나는 것이 당신에게 어떤 도움이 될까?

아침 식사를 제대로 씹지도 못하고 급하게 삼키거나, 심지어 일터로 가는 중에 식사를 하는 대신 30분의 여유가 있다면 무슨 일이 일어날까? 아마 당신은 10분에서 15분가량 명상을 하는 작은 아침 의식을 만들지도 모른다. 이러한 행위를 습관으로 만든다면 당신의 인생에 어떠한 변화가 일어날지 생각해 보았는가? 아침 의식으로 삼을 만한 몇 가지 활동들을 보자.

- 긍정적인 생각을 하라. 오늘은 즐거운 하루가 될 것이다!
- 5분간 당신이 감사하는 일을 생각하라.
- 15분간 고요하게 묵상하라.
- 곧 시작될 하루가 순조롭게 진행될 거라고 상상하라.
- 일출을 감상하라.

- 조깅이나 산책을 하라.
- 당신의 일지를 기록하라.

하루의 마지막 30분도 매우 중요하다! 잠자리에 들기 30분 전에 하는 일은 당신이 자는 동안에도 잠재의식 속에 계속해서 남아 있다. 그 시간에는 다음 활동들을 한번 시도해 보라.

- 일지를 작성한다.
- 지금은 하루를 반성할 시간이다. 당신은 어떠한 훌륭한 일을 했는가? 당신은 어떤 일들을 더 잘해 내었는가?
- 미리 당신의 하루를 계획한다. 딩신이 내일 하길 원하는 가장 중요한 일은 무엇인가?
- 다음 날에 할 일의 목록을 작성한다.
- 당신의 이상적인 하루를 마음속으로 그려 본다.
- 영감을 주는 블로그나 기사, 책의 한 대목을 읽는다.
- 영감을 불러일으키는 음악을 듣는다.

잠자리에 들기 전에는 당신의 마음을 동요시키는 자극적인 기사나 영화는 절대 금물이다. 사람이 잠들면 암시에 매우 민감한 상태가 된다. 긍정적인 것을 보고 듣는 편이 훨씬 이로운 이유이다.

하루를 미리 계획하고 할 일의 목록을 작성하는 작업은 당신에게 막대한 혜택과 시간 절약을 가져다준다. 당신이 해야 할 일은 이미 잠재의식 속에 준비를 하고 있다. 해야 할 일의 순서를 미리 알고 있다면 다음 날 당신은 보다 쉽게 집중할 것이다.

다음 질문에 답해 보라 ————————————————

• 이제 매일 아침과 저녁 시간이 어떻게 느껴지겠는가?

• 30분 일찍 일어나서 아침 의식을 습관화할 것인가?

• 잠자리에 들기 전 마지막으로 할 활동은 무엇인가?

목표를 찾고
좋아하는 일을 하라

"당신의 인생에서 가장 중요한 이틀이 있다.
하루는 당신이 태어난 날이고, 또 다른 하루는 그 이유를 알게 된 날이다."
- 마크 트웨인

인생 여정에서 가장 중요한 것은 목표의 발견이다. 이 말의 정확한 의미가 무엇인지 아는가? 바로 당신이 좋아하는 일을 하라는 의미이다.

"성공이 보장된다면 당신은 어떠한 일을 하겠는가?"

"1,000만 달러가 있고, 집이 7채이며, 가고 싶은 곳 모두를 여행했다면 당신은 다음에 어떤 일을 하겠는가?"

이와 같은 질문은 당신의 목표로 이끌어 줄 것이다.

당신은 좋아하는 것과 함께하는 시간보다 직장에서 더 많은 시간을 보낸다. 그렇다면 하고 있는 일을 즐기는 편이 낫다고 생각되지 않는가? 2013년 갤럽의 〈미국인 직장 상태 보고서〉에 따르면, 약 70%의 미국인들이 직장에서 행복하지 않다고 한다! 직장인 중 50%는 바쁘게 열심히 일하지 않고, 업무에 탁월한 능력을 발휘하지도 않으며, 그저 단지 출근만 할 따름이다. 나머지 약 20%는 마음으로 이미 체념한 상태이며, 적극적으로 업무 스트레스에서 벗어나려고 발버둥을 친다! 나도 예전 약 5년간은 50%에 속하는 사람 중 한 명이었다. 정말 소름이 돋을 정도로 끔찍한 시간이었다. 가장 최악이었던 것은 내가 그러한 사실을 인식조차 못 했다는 점이다!

우리에게는 자신이 무엇이 될 수 있으며, 어떤 것을 가지고 있고, 어떤 일을 할 수 있는지에 관한 홀륭한 아이디어와 꿈이 있다. 당신 꿈에 어떤 일이 일어났는가? 이상적인 그림은 가치 주변에서 당신의 목표를 설정하고, 스스로의 가치에 따라 살아가게 해 주는 직업을 가지는 것이다.

무언가 새로운 일에 급히 다가갈 필요는 없지만, 당신이 좋아하는 일을 보다 많이 하는 여유가 있어야 한다. 단순히 허튼소리처럼 들릴지 몰라도, 당신이 목표를 찾았을 때는 모든 상황의 앞뒤가 맞기 시작할 것이다. 아주 자연스럽게 사람들의 마음과 기회와 자원들을 끌어들이면 정말로 믿을 수 없는 놀라운 일들이 일어날 것이다! 세상에 있는 무엇이라도 당신이 좋아하는 일을 하는 것보다 큰 성공을 가져다주지는 못한다!

이본은 자신의 예감에 따라 법학 대학원을 중퇴하고 커다란 백화점에서 신발 판매를 시작했다. 사람들 도와주기를 좋아하고 신발도 좋아해서 그녀의 선택은 명백했다. 사람들이 아무리 비웃어도 그녀는 자신의 예상대로 밀고 나갔다. 그녀는 심지어 미국 코미디 드라마 〈못 말리는 번디 가족Married With Children〉에 나오는 주인공인 알 번디를 빗대어 '여자 알 번디'란 별명까지 얻었다. 알 번디는 잘못된 선택으로 고등학교 시절부터 인생을 망쳤다고 생각하는 다소 멍청하고 우스꽝스러운 캐릭터이다. 분명 그녀에게는 훌륭한 칭찬의 말은 아닌 듯하다.

그녀는 많은 농담과 조롱을 뒤로한 채 백화점 최고의 여성 판매 사원이 되기 위한 꿈을 향해 계속해서 나아갔다. 매년 수십만 달러어치 신발을 팔아 치웠으며, 2년 연속으로 올해의 직원 상을 수상하여 상당한 수준의 임금도 받게 되었다. 사실 너무나도 친절하게 잘해서 VIP 고객들은 모두 그녀의 도움을 받길 원했다. 이제 그녀는 매시간 자신의 일을 즐기고 있다.

도로 지도나 GPS 없이 운전하고 싶지만 어디로 가야 할지 감을 잡을 수 없는가? 자신이 지금 여기에서 무엇을 하고 있는지, 왜 하고 있는지 몰라 단지 상실감과 공허함만이 느껴지는가? 그렇다면 당신의 목표를 찾지 못했다는 신호이다. 하지만 걱정하지 말라. 머지않아 바로잡을 것이다.

당신의 가치와 기술, 열정, 야망을 조사하고 잘하는 일을 성찰해 보면 목표에 대한 단서를 찾을 것이다. 여기 당신에게 도움을 줄 몇 가지 질문이 있다. 용기를 가지고 자신에게 성실히 대답하고 적어 보라. 당신을 제외한 누구도 대답을 볼 수 없다. (내가 과거 15년간이나 지나쳐 버린 것처럼 절대로 건너뛰어선 안 된다! 내가 마침내 질문에 대답했을 때는 이미 모든 것이 변한 뒤였다!)

다음 질문에 답해 보라 ─────────────────────

- 나는 누구인가? 왜 나는 여기에 있는가? 왜 나는 존재하는가?

- 내 인생에서 진정으로 원하는 것은 무엇인가?

- 나는 언제 완전히 살아 있음을 느끼는가?

- 내 인생의 절정은 무엇인가?

- 시간이 순식간에 지나갔다고 여겨질 때 나는 무엇을 하고 있는가? 내 열망을 자극하는 것은 무엇인가?

- 나의 가장 큰 장점은 무엇인가?

- 성공이 보장된다면 나는 어떤 일을 하겠는가?

- 나에게 1,000만 달러가 있고, 7채의 집이 있으며, 전 세계를 이미 여행했다면 어떤 일을 하겠는가?

실행 단계 ───────────────────────────

유튜브에 있는 〈돈이 목적이 아니라면?What if money was no object?〉 비디오를 시청한다.

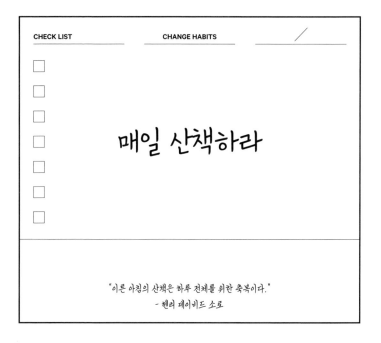

CHECK LIST   CHANGE HABITS   /

☐
☐
☐
☐   매일 산책하라
☐
☐
☐

"이른 아침의 산책은 하루 전체를 위한 축복이다."
- 헨리 데이비드 소로

여유가 생길 때마다 밖으로 나가 자연 속에서 시간을 보내라. 산책하고 자연과 접촉하라. 해돋이나 해넘이를 감상하라. 아침에 산책이나 조깅을 하러 나가 보면 헨리 데이비드 소로의 말이 진실임을 몸소 느낄 것이다!

우리 인생의 리듬은 그동안 너무나 빠르고 스트레스가 넘치는 상황으로만 치달았다. 시간 여유를 가지고 숲속을 거니는 행동은 당신을 다시 지상으로 데려와 깊은 휴식을 제공할 것이다. 고요함에 귀를 기울이고, 그 고요함을 즐겨라! 산책은 당신의 몸과 마음에 다시 에너지를 공급하는 훌륭한 방법이다. 스탠퍼드 대학의 최근 연구는 산책이 창의적인 생각을 향상시켜 준다고 결론지었다.

아내가 직장에서 힘겨운 시간을 보내며 에너지가 모두 소진되기 직전의 상황에 이르자 우리는 매일 1시간 반 동안의 긴 산책을 시작했다. 산책을 통해 아내는 스트레스받는 일상에서 벗어날 수 있었다. 힘들었던 하루의 분노를 잊고 자신의 감정을 이야기하며 분석할 수 있었다. 이러한 활동 덕분에 아내는 밤에 쉽게 잠들었고, 매우 상쾌한 수면을 취하였다. 단지 몇 주가 지났을 뿐인데도 아내는 훨씬 더 좋아졌다고 했다! 장시간 산책의 또 다른 이점은, 비록 아내가 피곤해지긴 했지만, 경계수위를 낮추고 남편으로서 내가 하는 말에도 귀를 기울이기 시작했다는 점이다.

당신은 매일 1시간 걷기를 언제쯤 시도할 예정인가? 30일 동안 해 보고 느낌을 적어 보기 바란다.

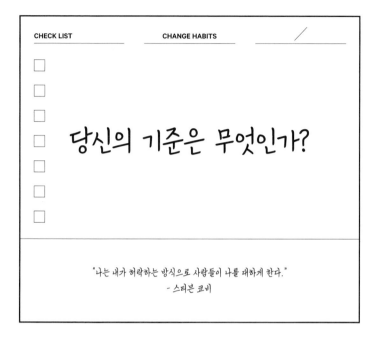

☐
☐
☐
☐
☐
☐
☐

당신의 기준은 무엇인가?

"나는 내가 허락하는 방식으로 사람들이 나를 대하게 한다."
- 스티븐 코비

당신과 주변 사람들로부터 좀 더 많은 것을 기대하고 요구하라. 진정으로 인생을 바꾸고 싶다면 당신의 수준을 높여야 한다. 평범함과 늑장 부림, 기타 최상의 성과를 방해하는 행동들을 0으로 만들라! 당신의 기준은 진실만을 말하거나, 시간을 엄수하거나, 사람들의 말이 끝날 때까지 진정으로 들어 주는 종류일 수 있다. 당신의 높은 기준을 고수하라.

정말 중요한 점은 당신 주변에 있는 기준의 경계를 정하는 것이다! 경계란 사람들이 당신에게 소리를 지른다거나, 당신의 주변인들에게 어리석은 농담을 하거나, 당신에게 무례를 범하는 행위를 말한다. 사람들과 명확하게 의사소통을 하라. 당신에게 방해가 되는 일은 그 자리에서 사람들에게 전달하는 습관을 가져라. 이 격언을 명심하라.

"올바른 어조로 말하면 모든 것을 전달할 수 있지만, 잘못된 어조로는 아무것도 전달할 수 없다. 기교는 올바른 어조를 알아내는 것이다."

감정 없는 어조로 일상적으로 말하는 "태양이 빛나고 있어" 같은 표현들을 연습하라. 만일 누군가가 당신의 경계를 넘어서면 "나는 그런 식의 말을 좋아하지 않아요", "내게 그런 말투로 말하지 않았으면 좋겠군요"라고 알려 주라. 그럼에도 변함없이 계속해서 말을 이어 간다면 다음처럼 중단을 요청한다.

"당신이 그런 식으로 내게 말하지 않았으면 좋겠습니다."

일반적으로 대부분의 사람들이 요청을 받아들이지만, 한두 명 정도는 그렇지 않은 사람들이 있다. 그러면 보다 강력하게 요청해야 한다.

"나는 당신이 그런 식으로 말하지 않기를 강력히 요구합니다."

위의 3단계가 도움이 되지 않는다면 다음처럼 중립적인 말을 하며 과감히 자리를 떠나라!

"당신이 (   )하는 한 나는 대화를 계속할 수 없습니다. 나중에 다시 얘기하도록 하지요."

실행 단계 —————————————————————————————

다음을 작성해 보라.

❶ 당신의 인생에서 더 이상 받아들일 수 없는 것들.

❷ 다른 사람들에게서 더 이상 용인할 수 없는 모든 행동들.

❸ 당신이 되고 싶은 모든 것들.

- [ ]
- [ ]
- [ ]
- [ ]
- [ ]
- [ ]
- [ ]

감사하는 태도에 순응하라

> "당신이 가진 것에 감사하면 더 많이 가지게 될 것이다.
> 그러나 당신이 가지지 못한 것에 집중한다면 영원히 만족스럽지 못할 것이다."
> - 오프라 윈프리

오프라의 말에 귀를 기울여라! 매일 당신이 가진 것에 감사하라. 그러면 당신은 감사할 만한 더 많은 것을 끌어올 것이다. 감사는 당신에게 에너지를 재충전시켜 주고 자아 존중감을 높여 준다. 이것은 신체적, 정신적 행복과 직결되어 있다.

'감사하는 태도'는 당신을 행복과 직접 맞닿도록 해 준다. 분노, 시기심, 원한에 대한 최고의 해독제이다! 감사하는 마음이 당신의 성격이 되도록 노력하라! 당신이 가진 것에 감사하라. 당신 주변의 아주 사소한 것부터 아직 가지지 못한 것에 이르기까지 세상 모든 것에 감사하라!

내가 과거 수년간 그랬듯이 "(   )한다면 고마워할 거야"라는 말은 하지 말라. 비록 어떠한 일이 일어난다 할지라도 보다 간단하게 바로 지금 감사하라. 매일 감사하는 습관을 들여라. 가지지 못한 것에 불평하는 대신 당신이 지금 가진 것에 감사하다고 말하며 하루를 시작하라. 당신의 삶에 즉각적인 효과로 나타날 것이다. 매일 발견하는 좋은 일에 초점을 맞추라.

다음 연습은 나의 코칭 과정에서 모든 이들에게 적용하는 내용이다. 실행해 보고 어떤 일이 일어나는지 살펴보라.

실행 단계 ────────────────────

❶ 인생에서 당신이 감사하게 여기는 모든 것의 목록을 만들라. 당신이 생각할 수 있는 모든 것을 적어라. (아마 아주 긴 목록이 될 것이다.)

❷ 21일 동안 매일 당신이 감사하게 여기는 3~5가지를 적어라.

날짜와 함께 일지에 작성하라. 잠들기 전에 그 순간들을 다시 되새기며 행복감을 느껴 보라.

시각화의 마법

"미래를 예측하는 가장 훌륭한 방법은 미래를 창조하는 것이다."
- 피터 드러커

시각화는 경험을 축적하는 기본적인 수단이다. 뇌의 잠재의식에 관한 부분은 잘 짜인 구상과 현실을 구별해 내지 못한다. 많은 감정을 동원하여 아주 상세하게 목표를 시각화한다면 당신의 잠재의식은 실제로 일어나고 있는 일이라고 생각하게 된다. 그때 당신은 바라는 방향으로 인생을 전환하기 위한 도움을 주는 동기 부여와 기회, 아이디어를 얻는다. 내 말의 의미를 이해하겠는가?

순수한 시각화를 이용하여 스포츠 연습을 할 수 있을까? 실제로 가능하다. 지금까지 시각화의 위력을 확인한 많은 연구들이 존재한다. 1980년대 초반 미국 육군에 복무 중이던 토니 로빈스는 시각화 기술을 이용하여 권총 사격 능력을 엄청나게 향상시키는 경험을 했다. 같은 기술을 이용하여 농구 선수들의 자유투 성공률을 향상시킨 연구도 있다. 결과는 실로 놀라웠다!

운동선수들을 자세히 살펴보면 자신의 모든 경기를 시각화한다. 스키 선수와 포뮬러 원 드라이버, 골프 선수, 테니스 선수를 비롯하여 축구 선수들도 실제 경기가 있기 며칠이나 몇 시간 전부터 가상의 경기 상황을 시각화한다. 몇 명의 선수를 들어 보면 잭 니클라우스, 웨인 그레츠키, 그렉 루가니스 등이 시각화를 통해 자신의 목표를 이루었다고 알려져 있다.

코칭할 때도 우리는 목표에 대한 시각화 기술을 사용한다. 당신이 이미 목표를 달성했다고 상상해 보라! 당신의 눈으로 직접 목격한다고 생각하고 모든 감각을 동원하여 느껴 보라. 직접 냄새로 느끼고, 소리로 듣고, 맛을 보라. 더 많은 감정을 집어넣을수록 효과는 커진다.

매일 15분 동안 반복적으로 시각화하면 엄청난 결과를 경험할 것이다. 매일 아침 의식을 진행할 때나 자러 가기 전에 시각화를 이행할 시간을 마련하라. A3 크기의 마분지에 당신의 목표를 나타내는 이미지로 콜라주를 만들라. 콜라주를 침실이나 쉽게 보이는 곳에 붙여 놓으면 도움이 된다.

잡지를 사서 당신의 목표를 나타내는 다양한 사진을 오려 꾸밀수도 있다. 부자 되기가 당신의 목표라면 꿈에 그리는 집이나 지폐가 가득 그려진 사진, 부의 상징이 될 만한 사진 들을 이용하라. '비전 보드Vision board'를 구글에서 찾아보면 많은 예들이 나온다.

아침에 일어난 후와 자러 가기 전에 매일 5분씩 당신의 콜라주를 자세히 들여다보라. 당신의 목표가 이미 달성된 상황을 생생하게 마음속으로 그려 보라.

☐

☐

☐

만일 그러면 어떡하지?

☐

☐

☐

☐

"우리의 기대는 현실을 보는 방법뿐 아니라 현실 자체에도 영향을 미친다."
- 에드워드 E. 존스

항상 최고를 기대하라! 인생은 당신이 원하는 것을 매번 주지는 못하지만, 당신이 기대하는 것은 확실히 안겨 준다! 성공을 원하는가? 아니면 실패에 대한 두려움으로 대부분의 시간을 보내고 있는가? 우리 자신과 다른 이들에게 거는 기대는 잠재의식적인 믿음에서 비롯되며, 목적 달성에 막대한 영향을 미친다. 기대는 태도에 영향을 미치고, 태도는 성공과 밀접한 관계가 있다. 기대는 기꺼이 행동하려는 마음과 다른 이들과의 모든 상호 작용에 영향을 준다.

우리 중 많은 이들이 이 모든 사실을 잘 알고 있다. 하지만 마음이 좋아하는 질문 중 하나인 "만일 그러면 어떡하지?"라고 물으면 부정적인 결과를 기대한다. 이와 같은 질문을 통해 우리는 종종 잘못되는 상황에 집중한다.

"일이 잘 풀리지 않으면 어떡하지?"

"그녀가 데이트를 거절하면 어떡하지?"

"직업을 구하지 못하면 어쩌지?"

"임금 인상이 안 되면 어떡하지?"

"실직하면 어떡하지?"

부정직인 느낌이든 좋은 느낌이든 우리는 두려워하는 것에 집중한다. 모든 제한적이거나 부정적인 생각을 전환해서 자신에게 한번 물어보면 어떨까?

"반대 상황이 진실이면 어떡하지?"

"너무 잘 풀리면 어떡하지?"

"그녀가 데이트 신청을 허락하면 어떡하지?"

"임금이 올라가면 어떡하지?"

"이 아이디어로 백만장자가 되면 어떡하지?"

"천연 자원을 발견하면 어떡하지?"

"내가 그것을 실현한다면 어떡하지?"

"지금이 절호의 기회라면 어떡하지?"

"이 책이 실제로 인생 전환에 도움이 되면 어떡하지?"

질문하는 방식에서 단 하나만 조정해도 자신감과 에너지, 당신
이 얻는 해답이 변한다. 그것은 당신의 생각과 내면의 대화를 바꾼
다. 갑자기 머릿속에 떠오른 "만일 그러면 어떡하지?" 유형의 긍정
적인 질문들을 하기 시작하라. 부정적인 질문들은 접어라. 생각의
이동에 따른 이점은 아래와 같다.

- 줄어드는 스트레스와 두려움, 걱정.
- 좀 더 평온함을 느끼게 된다.
- 에너지 수준이 상승한다.
- 당신만의 경험을 만들도록 도움을 준다.

한번 시도해 보라! 지금 당신이 직접 글을 읽었을 때의 느낌은
어떠한가? 당신의 모든 두려움과 부정적인 "만일 그러면 어떡하
지?" 질문들의 목록을 만들어 모두 긍정적으로 전환하라.

- [ ]
- [ ]
- [ ]
- [ ]
- [ ]
- [ ]
- [ ]

과거는 훌훌 털어 버려라

"우리를 기다리고 있는 인생을 위해 과거 계획했던 인생을 기꺼이 떨쳐 버려야 한다."
- 조셉 캠벨

과거에 당신이 보낸 모든 순간은 현재와 미래에서 훔쳐 온 시간이다. 당신의 드라마를 다시 되돌리지 말라. 과거에 매달려서는 안된다. 과감히 떨쳐 버려라! 오로지 과거를 떨쳐 버릴 용기 있는 자에게만 인생에서 새로움을 맞아들일 자격이 있다. 과거에 저질렀던 후회스러운 일이나, 원했던 대로 잘 풀리지 않았던 일을 생각하며 시간을 낭비하지 말라. 말도 안 되는 일이다! 과거는 바꿀 수 없다!

원하지 않는 것이 아니라 원하는 일에 집중해야 한다는 사실을 명심하라. 과거 잘 풀리지 않았던 상황에 집중한다면 당신은 그 상황을 더욱 끌어당길지도 모른다. 과거의 경험에서 교훈을 얻고 계속 앞으로 나아가라. 이것이 당신이 지금부터 해야 할 전부이다. 아주 쉽다. 그렇지 않은가?

과거에 잘못한 일이 아니라 미래에 당신이 잘하길 원하는 일에 집중하라. 스스로 자유로워지고, 새로운 것들이 인생 속으로 들어오도록 과거를 과감히 떨쳐 버려야 한다! 오래된 짐은 벗어 버리고, 끝내지 못한 일도 끝내고, 사람들에게 가까이 다가가라. 디팩 초프라가 좋은 말을 했다.

"나는 기억력을 사용한다. 그러나 기억이 나를 사용하도록 허락하지는 않는다."

자유롭게 현재를 즐기기 위해 과거의 일을 마무리 지어라. 지금부터 당신의 업무를 완성하려는 사고방식을 가져라. 인간관계와 일, 다른 모든 부분에서 무엇이든 불완전한 상태로 남겨 두지 말고 앞으로 계속 나아가라.

실행 단계 ─────────────────────────

인생에서 마무리 짓지 못한 것을 찾아 정리한다.

☐
☐
☐
☐
☐
☐
☐

승리를 자축하라

"당신이 더 알아내고자 하는 것을 축하하라."
- 토머스 피터스

인생을 바꾸고 목표에 도달하는 길에서 진행되는 상황을 파악하는 것은 중요하다! 가끔 멈춰서 지금까지의 승리를 자축하라! 지난주보다 발전한 자신을 축하해 줘라! 아무리 작은 승리라도 그냥 지나쳐서는 안 된다!

나의 고객과 일을 진행하는 중에 한결같이 실행해야 하는 일 중 하나가 그들의 작은 성공이라도 축하해 주는 것이다. 모든 실행 단계의 완성은 축하받을 만한 일이다. 당신이 완성하는 모든 연습에 스스로 보상을 지급하라. 갖고 싶었던 물건을 당신에게 선물한다거나, 영화를 보러 가는 등 기분 좋은 한 가지를 하라. 새로운 습관을 배워 상당한 발전을 보이면 짧은 여행을 다녀와라! 당신은 자격이 있다!

지금까지의 발전을 두고 자신에게 어떠한 보상을 할 것인가? 온천을 가거나, 멋진 저녁 만찬을 준비할 것인가? 산책하러 갈 것인가?

❶

❷

❸

❹

❺

바로 지금
행복을 느껴라

"행복이란 인생의 의미이자 목적이다."
- 아리스토텔레스

행복은 여정이지 목적이 아니다! 또한 행복은 선택하는 것이다! 내면의 상태이지 외부적인 무엇도 아니다. 행복은 습관이고 마음의 상태이다. 행복이란 너무나도 많다! 결정적으로 가장 중요한 것은 '당신에게 행복이란 무엇인가?'라는 물음이다.

당신은 지금 당장 행복해질 수 있다! 믿지 못하겠는가? 그렇다면 잠시 눈을 감고 당신이 진정으로 행복을 느꼈던 순간을 상상해 보고, 마음속에 다시 되새겨 보라. 그 순간을 느끼고, 냄새 맡고, 들어 보라! 그때의 흥분과 기쁨을 기억하라! 어떤 느낌이었는가? 행복감을 느꼈는가? 지금 기분은 어떠한가?

행복은 당신의 자동차와 집을 비롯한 현실 세계의 어떠한 물건에서도 영향을 받지 않는다. 당신은 지금 바로 여기에서 행복해질 수 있다. 지금 당장! 커다란 행복을 추구한다고 해서 인생의 소소한 즐거움을 놓쳐서는 안 된다.

주변에 있는 아름다운 것들을 감상하라! 작은 것에서 즐거움을 느껴라! 복권에 당첨되거나 퇴직할 시점까지 미루어서는 안 된다. 지금 당신이 가진 것으로 즐거운 일을 하라. 오늘이 삶의 마지막이듯이 하루하루를 충만하게 살아가라! 지금부터 행복해지기 시작하라.

전혀 그럴 기분이 아니더라도 당신이 할 수 있는 한 최대한 웃어라. 웃으면 긍정적인 신호가 뇌에 전달되기 때문이다. 재미와 유머는 기쁨과 장수, 직업적인 만족, 개인적인 성취, 사적인 인간관계, 삶의 균형에 있어서 필수적이다. 그러니 많이 웃고 많이 즐거워하라!

아래 이유들 중 지금 당장 행복해지기 위해 당신에게 해당되는 것은 어떤 것인가?

• 당신은 훌륭한 직업을 가지고 있다.
• 당신의 일을 사랑한다.

- 당신에게는 착하고 예쁜 아이들이 있다.
- 당신에게는 멋진 배우자가 있다.
- 당신에게는 훌륭한 부모가 있다.
- 당신은 지금 자유롭다.
- 기타 등등.

다음 질문에 답해 보라

- 당신에게 행복이란 무엇인가? 구체적으로 작성하라.

- 지난주에 얼마나 많은 웃음을 신물했는가?

- 얼마나 많은 웃음을 받았는가?

실행 단계

당신의 인생에서 가장 행복했던 순간을 기억하라. 당신의 기분을 좋게 만들었던 순간들을 최소한 5개 작성해 보라.

❶

❷

❸

❹

❺

위 순간들을 그때의 모든 감정과 행복이 충만한 상태로 회상해
보라. 느낌이 어떠한가?

- [ ]
- [ ]
- [ ]
- [ ]
- [ ]
- [ ]
- [ ]

멀티태스킹은
거짓말이다

> "대부분의 경우 멀티태스킹은 환상에 불과하다.
> 당신은 멀티태스킹을 하고 있다고 생각하고 있지만,
> 사실은 이 일에서 저 일로 옮겨 다니며 시간만 낭비하고 있을 뿐이다."
> - 보스코 잔

한 번에 하나씩만 하라! 집중이 필요한 경우 한 번에 하나씩 처리하는 편이 멀티태스킹보다 생산성이 높다는 사실을 새로운 연구에서 밝혔다. 심지어 멀티태스킹이 업무를 더욱 느리게 만드는 것도 모자라 당신을 바보로 만든다고 한다!

비록 당신이 멀티태스킹을 하고 있다고 생각하더라도 실제로는 한 번에 하나씩 일을 처리한다. 그렇지 않은가? 당신이 지금 5가지의 일을 손에 들고 있더라도 확실히 한꺼번에 처리할 수는 없다.

이메일을 작성하는 중이라면 전화를 걸기 위해 이메일 작성을 멈추어야 한다. 다시 전화를 끊고 이메일을 계속해서 써야 한다. 동료가 질문을 하면 또다시 이메일 작성을 멈추고 대답을 한 뒤에 이메일 작성으로 돌아가야 한다.

결론은 멀티태스킹에 관한 주장은 잊으라는 것이다. 한 번에 하나씩 집중해서 업무를 하라!

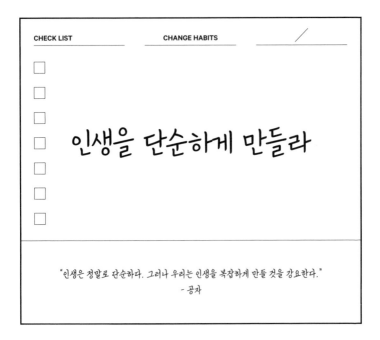

CHECK LIST   CHANGE HABITS   /

☐
☐
☐
☐ **인생을 단순하게 만들라**
☐
☐
☐

"인생은 정말로 단순하다. 그러나 우리는 인생을 복잡하게 만들 것을 강요한다."
- 공자

지금까지 책에서 배운 내용의 일부를 생활에 적용하기 시작했다면 당신의 인생은 이미 약간은 단순하게 바뀌었을 것이다. 정리해 보았는가? 수납장은 청소하는가? 묵인을 제거하고 있는가? 당신을 맥 빠지게 만드는 사람들과의 관계를 청산했는가? 스티븐 코비는 말했다.

"우리 중 대부분은 급한 일에 너무 많은 시간을 보내고, 정작 중요한 일에는 충분한 여유를 두지 않는다."

당신은 업무의 우선순위를 알고 있는가? 아니면 단지 닥치는 대로 급한 불만 끄러 다니느라 이리저리 바쁘게 움직이는가? 이제는 인생에서 정말 중요한 일에 시간을 쓸 시기가 되었다.

생활의 단순화를 향한 커다란 첫걸음은 당신에게 중요하고 합리적인 활동들에 집중하면서 다른 활동들은 없애거나 크기를 축소하는 방법을 찾는 것이다. 업무 자동화나 위임, 불필요한 업무를 제거하거나 도움을 받아 해결할 수 있다. 모든 일을 도맡아 하고자 한다면 결국 아무것도 끝내지 못한다.

업무 스케줄이 너무 바쁜가? 너무 많은 약속이 잡혀 있지는 않은가? 단순화는 생활을 축소하여 보다 적은 자원을 가지고 살아가는 법을 배우는 것이다. 당신은 어떤 일을 축소할 수 있는가? 옷과 물품을 너무 많이 가지고 있는가? 요리에 너무 많은 시간을 허비하는가? 도움을 받거나 단순한 식사를 준비해 보는 건 어떤가? 가족 중 누가 당신을 도와줄 수 있는가?

당신은 온라인 뱅킹을 통해 금융 생활을 단순하게 만들 수 있다. 모든 물품을 현금으로만 지불하고, 꼭 필요한 물건만 구매하는 방법은 어떤가? 온라인 생활은 어떠한가? 소셜 미디어나 메신저로 하는 대화에 너무 많은 시간을 낭비하지는 않는가? 그렇다면 시간을 투자하여 훈련할 필요가 있다. 온라인상에 머물러 있는 시간을 정해 그동안에만 이용하도록 한다. 필요하다면 타이머를 설정해 놓는 방법도 좋다.

컴퓨터의 메인 화면과 이메일의 받은 편지함도 정리하라. 이메일은 하루 중 정해 놓은 시간에만 확인하라. 주의가 산만해지는 것을 방지하기 위해 이메일과 문자의 알림음은 항상 꺼 두라. 읽지 않고 쌓여만 가는 잡지나 신문도 끊어 버릴 적절한 시기이다. 정말 매일 3가지의 다른 신문을 읽을 필요가 있는지 자신에게 한번 물어보라.

나의 고객인 마크에게는 가상적인 정리가 물질적인 정리 정돈과 같은 효과를 나타냈다. 그는 자신이 짊어지고 있던 무거운 짐을 내려놓고 지금은 보다 많은 에너지를 얻고 있다.

당신은 회사까지 통근하는가? 직장 상사나 동료에게 일주일에 한두 번 정도 집에서 회사까지 태워 달라고 요청할 수도 있다. 당신은 너무 장시간 일을 하는가? 책에 있는 시간 관리와 관련된 부분을 읽어 보고 체계화시켜 보라. 업무 시간을 줄이고 좋아하는 일을 할 시간적인 여유를 찾을 것이다.

자신에게 제발 물질적이든 정신적이든 일거리를 집으로 가져오지 말라고 부탁하라. 직장에서 일을 마무리하지 못했다면 일하는 습관을 살펴 알맞게 바꾸라. 이것은 정말 중요한 문제이다. 집에 오면 업무는 절대 생각하지 말라. 지금 변화시킬 수 없는 일을 걱정하는 짓은 에너지 낭비이다. 내일 직장에서 당신이 할 일을 생각하고 지금은 업무를 잊어라.

다음 질문에 답해 보라 ───────────────

• 생활에서 어느 부분이 지나치다고 생각하는가?

• 당신은 필요 없거나 사용하지 않는 물건을 너무 많이 가지고 있는가?

• 당신의 일정은 항상 예약되어 있는가?

• 일정표에 당신을 위한 시간이나 즐기는 시간도 포함되어 있는가?

• 일상에서 가장 중요한 일은 무엇인가(가정이나 직장에서)?

• 업무 중 쉽게 위임하거나, 자동화하거나, 제거할 만한 것은 무엇인가?

- [ ]
- [ ]
- [ ]
- [ ]
- [ ]
- [ ]
- [ ]

많이 웃어라

"때로는 기뻐서 웃지만, 가끔은 웃어서 기쁠 수 있다."
- 틱낫한

웃어라! 그럴 기분이 아니어도 웃어라! 웃음이 삶의 질과 건강, 인간관계를 향상시켜 준다. 아직도 시작하지 않았다면 오늘부터 의식적으로 웃어라. 많은 자기 계발서와 블로그에 인용되는 글이 있다.

'4세에서 6세 사이의 아이들은 하루에 300~400회 정도 웃지만, 성인은 단지 15회 정도만 웃을 뿐이다.'

연구가 사실인지 직접 확인해 보지는 않았지만, 당연히 사실일 것이다. 우리의 어린 시절을 떠올려 보면 연구 결과와 정확히 맞아 떨어짐을 알게 된다.

소리 내어 웃거나 미소를 지으면 건강에 대단히 좋다는 사실이 확인되었다! 웃음이 일상적인 정신 상태와 창의성을 엄청나게 개선한다는 사실도 과학적으로 입증되었다. 더 웃어라! 아내와 나는 하루에 적어도 1시간 정도는 코미디를 시청하거나 재미있는 일을 해서 눈물이 뺨을 타고 흘러내릴 때까지 웃기로 정했다. 이 습관을 시작한 이후 우리는 훨씬 더 건강해지고 에너지로 충만함을 느낀다. 당신도 한번 시도해 보기 바란다!

캔자스 대학의 타라 크래프트와 사라 프레스맨의 연구는 웃음이 스트레스로 충만한 힘든 상황에서 스트레스 반응을 바꿀 수 있다는 사실을 증명했다. 또한 기분이 좋지 않을 때에도 웃음이 심장 박동수를 천천히 내리며, 스트레스 수준도 낮춘다는 사실을 증명해 보였다.

웃음은 상황이 좋게 진행되고 있다는 신호를 뇌에 전달한다. 스트레스를 받거나 압박감에 시달릴 때 웃음이 제대로 역할을 하는지 한번 시도해 보기 바란다. 스스로 전혀 웃을 이유가 없다고 생각된다면 입으로 펜이나 젓가락을 물고 있어라. 웃음을 흉내 내는 행동도 같은 효과를 만들어 낸다.

우리가 웃으면 신체는 '사는 것은 좋은 것'이라는 메시지를 세상에 전달한다. 웃는 사람들이 보다 자신감이 넘치고 신뢰받는 사람으로 인식된다는 사실을 다수의 연구가 보여 주었다. 웃는 사람 주변에 있으면 옆에 있는 사람들의 기분도 좋아진다. 웃음에 대한 많은 혜택들은 아래에 설명되어 있다.

- 세로토닌을 분비해 우리를 기분 좋게 만든다.
- 엔도르핀을 분비해 고통을 낮춰 준다.
- 혈압을 낮춘다.
- 판단력의 명확성을 높여 준다.
- 면역 시스템의 기능을 향상시킨다.
- 삶에 대한 긍정적인 전망을 제공한다(웃는 동안 비관론자가 되려고 시도해 보라).

연습 ───────────────────────────────

앞으로 7일간 거울 앞에 서서 1분 동안 자신을 보면서 웃어 보라. 하루에 최소 3회 정도 실시하고 느낌이 어떤지 말해 보라.

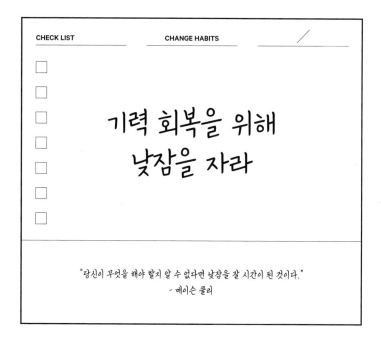

기력 회복을 위해
낮잠을 자라

"당신이 무엇을 해야 할지 알 수 없다면 낮잠을 잘 시간이 된 것이다."
- 메이슨 쿨리

내가 절대적으로 좋아하는 것 중 하나가 낮잠이다. 한낮에 자는 기력 회복용 낮잠은 기운을 북돋아 주고, 심신을 상쾌하게 해 주며, 생산성을 높여 준다는 사실이 과학적으로 증명되었다. 나에게 낮잠은 정말로 놀라운 경험이었다.

직장에서 가장 스트레스를 많이 받는 시간에는 스트레스와 고객의 위협과 불평이 견딜 수 없을 정도가 된다. (가끔 나는 응급 수술을 하고 있다는 생각까지 들었다. 하지만 단지 책만 만들 뿐이다.) 에너지가 거의 소진되어 갈 때쯤 나는 기력 회복용 낮잠을 잤는데, 효과는 실로 놀라웠다. 나는 훨씬 적게 스트레스를 받았고, 고객의 불평을 들으며 해결책을 모색하는 동안 매우 침착하게 행동했다.

한동안 나는 근처 공원의 벤치에서 25분에서 30분간 낮잠을 취했고, 나중에는 사무실에 의자 두 개를 붙여 놓고 잠을 잤다. 갑자기 나의 하루 일과가 전반전과 후반전 둘로 나뉘었다. 점심시간은 경기의 중간 휴식 시간인 듯한 느낌을 받았다. 보통 2시~5시 사이에 나타나는 식사 후 졸림 현상이 사라졌다. 나는 후반전을 상쾌하게 시작해 훨씬 생산적으로 일을 했다.

기력 회복용 낮잠을 시도하려는가? 언제부터 시도할 예정인가?

매일 30분씩
독서를 하라

"책을 읽지 않는 사람은 글을 읽을 수 없는 사람에 비해 나을 바가 없다."
- 마크 트웨인

하루에 30분씩 독서를 한다면 일주일이면 3시간 30분이고, 1년이면 182시간이나 된다! 당신의 뜻대로 사용할 지식이 엄청나게 많아진다는 의미이다.

코칭을 훈련받는 동안 내가 적은 목표 중 하나는 '더 많이 읽자'였다(구체적이지는 않지만 효과는 있었다). 당시는 수년 동안 단 한 권의 책도 읽지 않을 때였다. 지금 나는 일주일에 평균 두 권의 책을 열심히 읽는다. 국제경영학을 포함한 과거 15년 동안 했던 공부보다 최근 6개월 동안 더 많이 공부했다.

항상 책과 함께 생활하라. TV 보는 습관을 대체하거나, 그보다 더 나쁜 뉴스 시청하기를 잠자기 전의 독서로 대체한다면 '마음의 평화'라는 추가적인 혜택까지 누릴 것이다. 또 다른 부가적인 효과는 창의성을 높일 수 있다는 점이다.

무엇을 기다리는가? 앞으로 3개월간 읽을 6권의 도서 목록을 작성하라! 어떤 책을 읽어야 할지 모르겠다면 추천 도서를 조사해 보라. 그렇더라도 목록은 지금 바로 작성한다!

❶

❷

❸

❹

❺

❻

- [ ]
- [ ]
- [ ]
- [ ]
- [ ]
- [ ]
- [ ]

저축하라

"개인적으로 나는 내가 쓰는 돈이 아니라 저축하는 돈을 염려한다."
- 폴 클리서로

부자 전문가들에게 배운 것이다. 수년 전 탤렌 마이데너의 책 《꿈꾸는 스무 살을 위한 101가지 작은 습관Coach yourself to success》을 읽다가 이 문구를 처음 접했다. 한 문장으로 된 조언이 정말로 나의 모든 것을 바꾸어 놓았다. 몇 년 후 직장을 떠나 내 꿈을 추구하는 밑바탕도 되었다.

일단 9개월~1년 치 생활비를 충분히 저축하고 나면 모든 것이 변하기 시작한다. 이것은 커다란 혜택으로 작용한다. 가령 상관의 기분에 따라 변하던 행동을 멈추게 된다. 스스로 당당히 일어서서 말하게 된다.

"내가 처리하는 일에 불만이 있으면 그냥 말하세요."

직장 사람들이 당신의 영역을 존중하지 않거나 심지어 괴롭힌다면, 최악의 경우 직장을 그만두거나 다른 직장을 구할 수 있다. 아니면 안식 기간을 가져도 된다. 게다가 마음에 들지 않는 새 직장을 구할 필요도 없어서 면접을 보러 가도 절망적이지 않다.

코치로서 나는 나와 맞는 이상적인 고객과 함께 일할 자유를 얻고 싶다. 나와 맞지 않는 고객에게는 과감하게 "No!"라고 대답할 여유를 가시기 위해, 과거에도 그랬고 지금도 여전히 예비 자금을 비축해 두는 것이 중요하다.

돈 때문에 일하는 것은 확실히 좋은 결과를 가져오지 못한다. 예비 자금으로 9개월이나 12개월, 18개월 정도의 임금을 저축해 두면(많을수록 좋다!) 스트레스를 줄여 주고, 안정감을 느끼게 해주며, 마음의 평화를 가져다준다.

돈을 저축하기 위해서는 적게 쓰거나 많이 벌어야 한다. 대부분 씀씀이를 줄이는 방법이 많은 도움이 되고, 돈의 흐름을 파악하기에도 좋다. 가장 좋은 방법은 월급날에 계좌에서 일정액을 따로 떼어 저축 계좌로 자동 송금하는 것이다.

• 저축을 시도해 보겠는가?

• 저축을 하지 않는 이유는 무엇인가?

• 언제 저축을 시작할 예정인가?

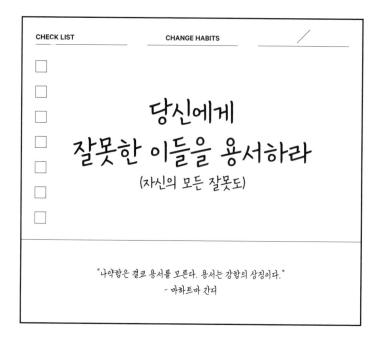

CHECK LIST   CHANGE HABITS

☐
☐
☐
☐
☐
☐
☐

당신에게
잘못한 이들을 용서하라
(자신의 모든 잘못도)

"나약함은 결코 용서를 모른다. 용서는 강함의 상징이다."
- 마하트마 간디

성공과 목표 달성, 행복으로 가는 여정에서 용서는 너무나도 중요하다! 개인적으로 나는 용서라는 덕목을 익히기까지 아주 오랜 시간이 필요했다. 누군가 나에게 나쁜 짓을 하고, 다른 사람들의 잘못임에도 왜 나는 용서해야만 하는가? 가장 간단한 대답은 용서가 이기적인 행동이기 때문이라는 것이다! 당신은 타인을 위해서가 아니라 오로지 자신을 위해 용서해야 한다! 옳고 그름의 문제가 아니다!

잘 살며 많은 에너지를 소실하지 않기 위해서 용서해야만 한다! 분노, 원한, 최악의 증오를 계속해서 반복적으로 되새기다 보면 많은 에너지를 낭비한다! 누가 잠 못 이루는 밤을 보내는가? 누가 분노로 가득 찬 나머지 현재의 순간을 즐기지 못하는가? 바로 당신이다! 당신이 용서하지 못하고 있는 누군가는 어떠한가? 자신에게 호의를 베풀어 훌훌 털어 버려라!

한 기자가 달라이 라마에게 티베트를 점령한 중국인에게 분노하고 있는지를 물었다. 그는 대답했다.

"전혀요! 나는 그들에게 사랑과 용서를 보냅니다. 그들에게 분노해 봐야 아무런 이득이 없습니다. 분노가 그들을 변화시킬 수는 없지만, 분노로 인해 내 몸에 궤양이 생긴다면 그것이야말로 그들에게 실질적인 이득이 될 것입니다."

당신에게 나쁜 짓을 했던 사람들에게 달라이 라마의 태도를 적용해 보고 어떤 일이 일어나는지 한번 살펴보라. 모두 떨쳐 버리고 당신에게 상처를 주었던 사람들을 용서하며 앞으로 나아가라.

단, 조심해야 한다. 당신이 "나는 그들을 용서했지만 잊지는 않았다"라고 말한다면 용서하지 않은 것이다! 나중에라도 결과를 이해하고 모두 털어 버리는 것이 낫다.

당신이 잘못을 저지르거나 상처를 주었던 사람들에게 연락해서 사과하라. 그것이 너무 불편하다면 편지를 써라. 무엇보다 자신부터 용서하라! 자신을 용서하는 법을 배우면 다른 사람을 용서하기가 쉬워진다.

지금 당장 실행에 옮겨라! 가까스로 자신과 타인을 용서하면서 얻게 되는 변화는 참으로 놀랍다!

다음 질문에 답해 보라 ─────────────────────

- 자기비판 없이 자신의 모습을 있는 그대로 받아들인다면 당신의 인생은 어떤 모습일까?

- 당신이 자신과 타인들을 용서한다면 인생이 어떻게 달라질까?

실행 단계 ──────────────────────────────

❶ 당신이 용서하지 못한 모든 사람들의 목록을 작성하라.
❷ 자신을 용서하지 못한 점에 대한 목록을 작성하라.
❸ 목록을 가지고 배운 대로 행하라.

10분 일찍 도착하라

"누군가를 계속 기다리게 하는 동안 그는 나의 단점을 생각한다."
- 프랑스 속담

시간 엄수는 타인에 대한 존중과 규율의 표시이다. 비록 당신이 세상에서 제일 다정한 사람이라 할지라도 시간을 지키지 않는다면 약간의 공격성과 마주칠지도 모른다. 물론 문화적인 차이는 존재한다. 예를 들어, 멕시코나 스페인 사람들은 시간 엄수에 매우 느슨하고 관대하지만, 독일에서 시간을 지키지 않으면 비전문적으로 비치며 노력으로 얻은 기회를 망칠 수도 있다.

탤렌 마이데너의 책《꿈꾸는 스무 살을 위한 101가지 작은 습관》에 나오는 좋은 조언 한 가지가 있다. 내가 습관으로 만들었던, 10분 먼저 약속 장소에 도착하기이다. 특별히 공손하게 보이기 위한 목적이라기보다는 자신을 위한 행동이다. 나는 시간을 지키기 위해 10분 먼저 도착하는 편이 보다 기분 좋고 마음의 평화도 가져다준다는 사실을 깨닫게 되었다.

급하게 서두르지 않아서 약속 장소에 도착해도 생각을 구성하고 환경에 익숙해지는 10분의 여유가 생겼다. 급한 마음 대신 느긋하고 편안한 느낌을 가지게 되었다. 10분 일찍 도착하자 나는 매우 편안하고 전문가다운 느낌과 공손함도 느꼈다. 지금은 정시에 도착하면 불편함이 느껴질 정도가 되었다. 한번 시도해 보고 당신의 습관에 추가할지 여부를 결정해 보라.

- [ ]
- [ ]
- [ ]
- [ ]
- [ ]
- [ ]
- [ ]

적게 말하고,
많이 들어라

"사람들이 말을 하면 전적으로 귀를 기울여라. 대부분의 사람들은 들으려고 하지 않는다."
- 어니스트 헤밍웨이

코칭에 있어 중요한 도구 중 한 가지이자 코칭 훈련에서 중요한 교훈 중 하나는 적극적인 경청이다. 다시 말해, 완전한 경청에 대한 능력과 기술이다. 완전한 경청은 최대한 주의를 집중하면서 앞에 있는 사람에게 귀를 기울이는 것이다. 약간 차분한 목소리로 말을 하고, 머릿속으로는 고객이 말을 하기 시작한 지 30초 만에 충고와 해결책을 생각해 낸다.

대다수 사람들은 이해하기 위해서가 아니라 대답하기 위해 듣는다! 그들은 말을 시작하기 위해 단지 상대방이 말을 중단하기만을 기다린다. 만일 말하려는 내용을 미리 연습했다면 당신은 들으려고 하지 않는다! 중간에 끊지 말라. 상대가 말을 끝낼 때까지 끝까지 경청하라. 충고를 하고 싶다면 허락을 받아라. 상대방이 끝까지 말하게 두면 대부분 말하고 있는 사람이 해결책까지 생각해 낸다.

한번 시도해 보라! 당신이 경청하고 있다는 느낌을 상대가 받는다면 대화와 인간관계는 완전히 새로운 수준으로 올라갈 것이다. 훌륭한 청취자가 되라!

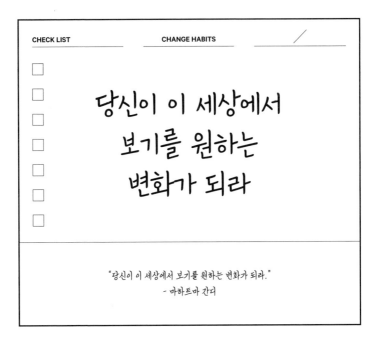

CHECK LIST   CHANGE HABITS

☐
☐
☐
☐
☐
☐

당신이 이 세상에서 보기를 원하는 변화가 되라

"당신이 이 세상에서 보기를 원하는 변화가 되라."
- 마하트마 간디

당신은 다른 사람들을 바꾸려고 하는가? 여기 새로운 소식 하나를 가지고 왔다.

"당신은 지금 당장 멈추어도 된다."

사실 불가능한 일이다! 당신은 도움받기를 원하지 않는 사람에게 도움을 줄 수 없고, 다른 사람을 변화시킬 수도 없다. 그러니 소중한 에너지를 낭비하는 일은 접어 두고 당신이 할 수 있는 일에 집중하라. 그래야 사람들에게 하나의 본보기가 된다!

"당신이 이 세상에서 보기를 원하는 변화가 되라!"

타인은 우리 자신의 거울과 같다는 말을 들어 본 적 있는가? 우리가 싫어하는 것들이 종종 우리 자신에게도 나타난다는 의미이다. 그러니 그들과 균형을 맞추라.

기차에서 나이 많은 노인에게 자리를 양보하지 않는 젊은 사람들의 매너 없는 태도에 나는 늘 화가 났었다. 그런 장면을 목격할 때마다 나는 '세상이 어디로 흘러가고 있는가, 젊은 사람이 이리 예의가 없다니. 이럴 수는 없다. 왜 내가 일어나야 하는가. 나는 40살이야' 등등의 부정적인 내면의 대화를 시작하곤 했다.

부정적인 내면의 대화는 어느 날 내가 젊은 사람들에 대한 불평을 멈추고 노인에게 자리를 양보하기까지 계속되었다. 이런, 기분이 아주 좋았다! 나는 다른 사람들의 행동에 아무런 책임이 없다. 나는 오직 자신의 행동에만 책임이 있다.

스스로 하나의 사례가 됨으로써 나는 두 번의 승리를 거두었다. 첫째, 성가신 내면의 대화를 하지 않게 되었다. 둘째, 무언가 옳은 일을 하고 싶었고 그때 기분이 정말 좋았다! 아마도 나는 다음번에 자리를 양보할 누군가에게 하나의 본보기 역할을 했을지도 모른다.

내가 생각하는 고객에 대한 가장 훌륭한 통찰은 '다른 사람들이 변해야 해'라는 생각을 '내가 변한다면 어떻게 될까. 아마 다른 사람들도 바뀔지 몰라'로 이동시키는 것이다. 당신은 글자 그대로 머리 위에 전구가 켜지는 획기적인 뭔가를 발견한 느낌일지도 모른다. 당신은 다른 사람들을 변화시킬 수 없다. 오로지 그들을 있는 그대로 받아들이고 스스로 최고의 본보기가 되는 편이 낫다.

당신은 동업자와 동료, 배우자에게 불평하고 있는가? 최고의 동료가 되거나 최고의 배우자가 되는 것이 가능하다! 직원에게 불평을 하고 있는가? 최고의 사장이 되는 것도 가능하다! 있는 그대로의 모습으로 사랑받고 싶은가? 타인들이 지닌 그대로의 모습을 사랑하라.

다음 질문에 답해 보라 ─────────────────

• 어떤 것을 바꾸고 싶은가?

• 당신이 먼저 시작해 보는 것은 어떤가?

• 어떤 일을 다르게 할 생각인가?

- [ ]
- [ ]
- [ ]
- [ ]
- [ ]
- [ ]
- [ ]

노력은 그만하고 행동으로 옮겨라

"노력은 이제 그만. 세상엔 하거나 하지 않은 것뿐이다. 노력이란 있을 수 없다."
- 마스터 요다, 〈스타워즈〉

'노력'이라는 단어 사용을 멈춘다면 자신에게 엄청난 호의를 베풀게 된다. 노력이라는 단어는 당신의 사전에서 빼라! 노력은 실패를 암시할 뿐이다. 업무 책임자가 당신에게서 "그 일을 완료하도록 열심히 노력해 보겠습니다"와 "지금 바로 하겠습니다" 중에서 어떤 말을 듣기를 원하겠는가? 세상엔 하거나 하지 않았거나, 두 가지뿐이다!

내가 코칭하는 직업을 막 시작한 초기, 과제를 하려고 노력했던 고객 중 몇 명이 평소에 과제를 잘해 내지 못한다는 사실을 빠르게 알아챘다. 그저 좀 더 많은 시간을 찾으려고 노력한 사람들은 결국 여유 시간을 찾아내지 못했다. 일주일에 3회씩 연습하려고 노력했던 사람들도 그렇게 하지 못했다. 그때부터 누군가가 나에게 "노력해 보겠습니다"라고 말하면 "할 건가요? 아니면 하지 않을 건가요?"라고 물었다.

노력이란 없다! 나이키 광고처럼 '그냥 하라Just do it!'만 있을 뿐이다. 당신이 행동으로 옮겨 제대로 잘 돌아간다면 정말 훌륭하다며 "잘했어!"라고 말한다. 당신이 행동에 옮겼지만 잘 돌아가지 않는다면 "좋아요. 한번 살펴봅시다"라고 말한다. 무엇이 잘못되었나?

당신은 경험에서 무언가를 배웠는가? 당신이 원하는 결과를 얻기 위해 어떻게 하는 것이 최선인가? 바로 "다시 하라!"가 정답이다. 단지 노력해 보겠다는 말은 당신에게 아무것도 가져다주지 못한다. 나는 마스터 요다와 함께한다. 세상엔 하거나 하지 않은 것뿐이다!

- [ ]
- [ ]
- [ ]
- [ ]
- [ ]
- [ ]
- [ ]

긍정의 힘

"어떠한 생각을 되풀이하여 명심하면 잠재의식에 아로새겨진다.
일단 이 상태에 도달하면 잠재의식의 신비로운 능력에 의하여 생각한 방향으로 기적이 일어난다."
- 나폴레온 힐

앞에서 자기와의 긍정적인 대화가 중요하다는 사실을 이야기했다. 한 가지 매우 좋은 방법은 긍정문을 이용하는 것이다. 긍정적인 말을 매일 수차례 반복하면 잠재의식은 그 말이 믿을 만하다는 확신을 갖는다. 일단 잠재의식이 납득하고 받아들이면 당신은 그에 따라 행동하기 시작한다. '끌어들이는' 환경을 인생 속으로 가져오며, 어디에서나 기회들을 알아보게 된다.

잠재의식이 사실과 단지 상상으로 만들어진 것을 구별하지 못하도록 현재 시제를 이용하여 긍정적으로 말하는 방식이 중요하다. 긍정문은 개인적이고 긍정적으로 진술되어야 하고, 구체적이고 감정적으로 고조되어야 하며, 현재 시제로 작성되어야 한다. 아래에 몇 가지 예가 있다.

- 노력하지 않아도 돈이 쉽게 내게 온다.
- 당장 기회들이 인생 속으로 들어온다.
- 많은 청중 앞에서 말하는 것은 쉬운 일이다.
- 나의 사업은 성공적이다.
- 나는 건강하고 날씬하다.

당신이 원하는 것을 인생 속으로 끌어오기 위해 긍정문을 사용하라. 많이 연습할수록 당신은 보다 잘 끌어오게 된다. 처음에 "노력하지 않아도 돈이 쉽게 내게 온다"라고 말하면 내면의 목소리는 여전히 "절대 아니야!"라고 말할 것이다. 그러나 매일 200회를 반복하여 일주일 정도 지나면 내부의 비판적인 목소리는 침묵하게 된다.

당신만의 긍정문을 만들어 영원한 동반자로 삼아라. 긍정문을 본인이 좋아하는 만큼 반복하면 생활에 어떤 일이 일어나는지 살펴보라.

일부 연구에서는 당신의 내부에 있는 비평가가 확신을 가지지 않으면 긍정문이 오히려 부정적인 효과를 낸다고 한다. 만일 전혀 효과가 없다고 여겨지면 잠재의식을 자극하는 말을 녹음하여 듣기 같은 다른 기술을 시도해 보라. 또한 자신에게 "왜 나는 이렇게 행복한가? 왜 모든 일이 잘 풀리는가?"처럼 다른 유형의 질문을 해 보라.

노아 세인트 존은 올바른 질문의 힘에 대한 책을 혼자서 집필했다. 그의 책《어포메이션The Book of Afformations》이 당신에게 도움을 줄 것이다!

- [ ]
- [ ]
- [ ]
- [ ]
- [ ]
- [ ]
- [ ]

하루에 25번은 써 보라

> "확신으로 이끌어 준 것은 긍정문의 반복이다.
> 일단 확신이 견고한 신념이 되면 변화가 일어나기 시작한다."
> - 무함마드 알리

이번 연습의 목적은 당신의 바람들이 실제 사실이라고 믿을 때까지 잠재의식에 박아 넣도록 도와주는 것이다! 당신의 잠재의식이 어떻게 작동하는지 기억하라. 새로운 확신을 만들도록 긍정문을 계속해서 반복해야 한다. 비록 연습이 지루해져도 계속해서 적어라! 그것이 당신에게 어떻게 작용하는가?

❶ 당신에게 맞는 문장을 골라라.

❷ 1인칭 '나는'으로 문장을 시작하라.

❸ 긍정적인 문장을 작성하라.

❹ 현재 시제를 활용하라. 예를 들어, '나는 1년에 (   )만 원을 벌고 있다'처럼 쓴다.

❺ 아침에 일어나서 제일 먼저 연습을 하라.

작은 책으로 만들어 들고 다녀도 좋다. 아침 시간과 자러 가기 전, 하루에 두 번 연습하여 결과를 높일 수도 있다.

CHECK LIST   CHANGE HABITS

☐
☐
☐
☐
☐
☐
☐

변명은 그만하라

"당신과 목표 사이를 유일하게 가로막고 있는 것은
달성하지 못한 이유를 계속 말하고 있는 당신의 허튼소리이다."
- 조던 벨포트

당신이 안전지대에서 벗어나기 시작하면 어떤 일이 일어나는 가? 두려움과 의심으로 당신의 마음은 가장 훌륭한 변명을 생각해 낸다.

"지금은 좋은 때가 아니야."

"난 아직 어려."

"난 너무 나이가 많아."

"그건 불가능해."

"난 못 해."

"난 돈이 없어."

내가 가장 좋아하는 변명은 "난 돈이 없어"이다. 그럼 돈 있는 사람들은 어떤 변명을 할까?

"난 시간이 없어."

나는 좀 다르다고 말할 수도 있다. 아니, 결코 그렇지 않다! 내 말을 믿어라. 적당한 시기는 절대 오지 않는다. 당연히 지금 당장 바로 여기에서 시작하든가, 아니면 영원히 기다려야 한다. 위기는 항상 기회이다.

당신은 너무 어리지도, 너무 늙지도 않았다. 인터넷을 검색해 보라. 많은 나이에도 꿈을 이루었거나, 젊은 나이에 회사를 운영하는 사람들의 이야기로 넘쳐 난다. 돈이 없다고? 혹시 훈련을 위해 사용하기보다는 새 TV를 구매하거나, 새로운 비디오 게임기를 구매하는 등 잘못된 곳에 돈을 쓰고 있지는 않은가? 재미있는 것은 아주 진지한 재정 조언가의 도움을 받은 사람들은 금세 돈을 찾아낸다는 사실이다! 같은 방식으로 처음에 시간이 없다던 나의 고객들도 나중에는 여유 시간을 잘도 찾아냈다.

"그렇지만 내 경우는 달라!"

과연 다를까? 글쎄, 당신은 자신에게 이런 말을 오랫동안 계속할 수도 있고, 아예 한 번에 변명들을 모두 없앨 수도 있다. 그럼에도 '당신이 지금 하고 있는 행동을 반복한다면 당장 얻을 수 있는 것만 계속 얻게 된다'라는 한 가지 확실한 진리가 있다. 지금 당장 행동으로 실천하라!

다음 질문에 답해 보라 ────────────────────

• 지금부터 당신은 변명과 집중된 행동 중에 무엇을 선택할 것인가?

• 변하지 않고 같은 곳에 머물러 있기 위해 당신이 사용하는 변명은 무엇인가?

- [ ]
- [ ]
- [ ]
- [ ]
- [ ]
- [ ]
- [ ]

기대치를 낮추라

"결과는 늘 기대 이상이다."
- 래리 페이지

또 다른 중요한 사안이다. 아마도 내가 지금까지 배운 방법 중 최고의 시간 관리 비결일 것이다. 이 방법을 사용하여 나의 직업적인 삶과 개인적인 삶이 놀라운 방식으로 바뀌었다. 직장에서의 스트레스도 사실상 0이 되었다!

직장에서 받는 내 스트레스의 대부분은 마감 시한에서 나왔다. 나 자신이나 기업의 입장에서 항상 고군분투하는 생활을 하고 있었다. 특히 성수기에는 우리 제품이 고객에게 전달되는 동안 지독한 스트레스로 가득한 나날이었다. 우리는 매번 시간 안에 일을 마무리해야 했다. 심지어 어떤 경우에는 두세 시간 안에 마무리해야 하는 경우도 있었다. 그로 인해 나는 때론 분노를 삭여야 했고, 가끔씩 히스테리적인 고객도 진정시켜야 했다.

배송이 늦어지는 이유가 '몇 시간이나 소요되느냐'는 고객의 질문 하나 때문이라는 사실을 확인하고 나는 상관의 허락을 구했다. 이행 가능한 배송만 담당하도록 새롭게 나만의 스케줄을 축소하여 조정하는 허락이었다. 그러고 나서야 비로소 벅찬 상황에서 벗어날 수 있었다.

나는 제품의 배송 날짜가 4월 5일이라면 고객에게 4월 10일이라고 말했다. 제품이 4월 7일에 배송되면 고객은 화가 나서 벌금을 물리겠다거나 고소하겠다고 위협하는 대신 3일이나 일찍 배송해주었다고 너무나도 고마워했다. 우리는 거의 50%에 육박했던 배송 지연율을 이후 3년 동안 거의 0%에 가깝게 줄였다.

나는 전체 생활에 같은 방법을 적용하기 시작했다. 상관이 3일 정도 소요되는 프로젝트를 맡기면 나는 5일 정도 걸린다고 말했다. 4일 후 프로젝트를 완성하면 마감 시한까지 시간이 좀 남게 되고, 덕분에 나는 주말에 사무실로 나가지 않아도 되었다. 직장에서 좀 더 일해야 하는 상황이 발생하면 나는 아내에게 저녁 9시까지 집에 가겠다고 말하고 실제로는 8시 30분에 갔다.

  난 스스로 영웅처럼 느껴졌다. 하지만 조심해야 한다! 이런 방식이 내게 통하긴 했지만, 비법을 아는 동료는 언젠가 한 번은 예기치 못한 불쾌한 상황으로 인해 곤란을 겪을 것이라고 경고했다.

- [ ]
- [ ]
- [ ]
- [ ]
- [ ]
- [ ]
- [ ]

당신의 이상적인
하루를 설계하라

"믿으면 보인다."
- 웨인 W. 다이어

코치들이 제일 좋아하는 연습이고, 많은 코칭 과정에서 시작점이 되기도 한다. 당신의 이상적인 하루를 설계하라! 당신은 이상적인 삶이 어떠하기를 바라는가? 당신에게 시간적인 여유와 금전적인 여유가 있다면 도대체 어떤 일을 하겠는가? 어디에서 살고 싶은가? 주택인가, 아파트인가? 직업은 무엇이 좋을까? 누구와 같이 살고 싶은가? 당신은 지금 무엇을 하고 있는가?

지금이 크게 꿈꿔 볼 시간이다! 당신에게 아무런 제한도 두지 말라! 아주 선명하게 당신의 이상적인 삶을 상상하라! 느낌이 어떠한가? 아주 상세하게 적어 보라! 당신은 글로 적는 방식의 위력을 배웠다! 당신의 이상적인 삶이 어떤 모습이기를 바라는지 정확하게 글로 나타내라. 당신의 이상적인 하루와 인생을 창조하기 위해 특별한 공책이나 스크랩북을 준비하라.

많은 사람들은 자신의 꿈이나 이상에 대한 사진들로 이루어진 콜라주를 만들어 매일 볼 수 있는 장소에다 걸어 둔다. 그렇게 하며 재미를 느끼고 즐겨라! 이것이 핵심이다! 비전을 만들어 마음속에 새기는 작업은 매우 중요하다. 그럼 지금부터 시작해 보자.

❶ 방해물 없이 집중한다. 한 시간 동안 가만히 앉아 있는다. 휴대폰, 라디오, TV 등 모든 기기를 끈다.

❷ 생각한 것이 살아 숨 쉬게 하라! 글로 모든 것을 써 보라. 일어나는 시간이 언제인가? 어떤 종류의 집에 당신은 살고 있는가? 건강 상태는 어떠한가? 당신 주변에 있는 사람들은 누구인가? 당신의 직업은 무엇인가? 어떠한 제한도 두어서는 안 된다!

❸ 일주일에 한 번 당신의 이상적인 하루에 대해 열광하며 읽어 보라. 그 속에 많은 감정들을 심어라!

이상적인 하루에 대한 글을 감정을 넣어서 직접 녹음기에 기록하여 매일 밤 잠자리에 들기 전에 들어 본다. 준비되었는가? 지금 당장 당신의 이상적인 날에 대해 써 보라!

☐
☐
☐
☐
☐
☐
☐

당신의 감정을
받아들여라

"지성은 혼란스러울 수 있지만, 감정은 결코 거짓말을 하지 않는다."
- 로저 에버트

당신의 감정을 누가 책임지고 있는가? 바로 당신이다! 우리가 책임과 선택에 관해 다루었던 내용을 기억하는가? 당신은 자신의 생각을 통제하고 있다는 사실을 기억하는가? 당신의 감정은 생각에서 비롯된다. 그렇다면 어떻게?

감정은 생각에 대한 실질적인 반응인 활동 에너지이다. 생각을 제어한다면 감정도 제어할 수 있다. 두려워해서는 안 된다! 감정은 당신의 일부이지만, 당신 자체는 아니다. 감정을 받아들여라.

모든 감정은 각각의 기능이 있다. 두려움은 당신을 보호한다. 분노는 당신을 지키도록 하고, 타인들에게 어떠한 것이 괴로운지를 보여 준다. 슬픔은 당신의 부족함을 알게 한다. 행복은 기분 좋게 만들어 주는 여러 역할을 한다. 감정을 표현하는 법을 알고 무시하지 않는 것은 중요하다.

자신을 기만하지 말라. 행복하지도 않으면서 "나는 행복해!"라고 말하지 않는다. 대신 어디에서 감정이 비롯되었는지 분석하라. 감정적으로 자신을 인지하지 말라. 다시 말하지만, 당신은 감정 자체가 아니다! 관찰자가 되어 당신의 감정이 어디로 이끄는지 살펴보라.

감정을 관찰하라. 파란 하늘에 구름이 지나가듯 당신을 스쳐 가는 감정들을 살펴보라. 비가 오면 아무런 거부감 없이 비를 받아들이듯 그저 자연스럽게 감정을 받아들여라. 창밖을 바라보며 영원히 비가 내릴 것이라고 생각하지는 않는다. 그렇지 않은가? 단순히 기상학적 현상으로 받아들인다고 해서 비가 계속 내린다는 의미는 아니다.

분노, 슬픔, 두려움 등의 감정에도 똑같이 적용해 볼 수 있다. 단지 지금 이 순간에 나타났다고 해서 영원히 감정이 지속되지는 않기 때문이다. 이러한 사실은 감정이 좋지도 나쁘지도 않다는 점을 알게 해 준다. 감정은 그저 존재할 따름이다.

당신의 내면세계에서 감정을 끌어내기 위해 뭔가를 적고 싶다면 한번 해 보라. 감정은 그저 스쳐 지나갈 것이다. 감정은 몸 안에서 우리가 무엇을 느끼는지 알려 주는 메신저 역할을 한다. 감정에 귀를 기울여라! 감정에 사로잡히면 과거에 묶여 현재의 순간들을 모두 잃어버리게 된다. 당신이 진정으로 바라는 것이 무엇인가? 밖에서 찾기를 멈추고 내면세계에서 찾기 시작하라.

감정 관리

감정을 인지하고, 사용하고, 이해하고, 조절하는 기술이다. 자신과 타인에게 적용할 수 있다.

❶ 감정의 인지와 표현 : 자신이 감정을 느끼도록 허락하라.
❷ 느낌의 조장 : 나는 어떻게 다른 감정을 느낄 수 있는가.
❸ 이해 : 왜 그런 감정이 생기게 되었나.
❹ 감정적 적응 : 이제 나는 왜 그런 감정을 느꼈는지 안다.

다시 한 번 말하지만, 모든 것은 질문하는 태도(수용할지, 거부할지)를 수반한다. 선택해 보라! 그렇다면 감정 관리의 이점은 무엇인가?

- 당신은 문제와 차질로부터 빨리 회복된다.
- 당신은 일관된 직업적 성과를 잘 이룬다.
- 당신은 인간관계를 파괴하는 긴장이 조성되는 상황을 막는다.
- 당신은 충동, 모순되는 감정을 제어한다.
- 당신은 아주 심각한 상황에서도 균형 잡힌 차분함을 유지한다.

목표에 도달하기 위한 첫째 단계는 당신의 감정을 확인하고 탐구하는 것이다. 감정이 표현하는 바를 받아들이고, 감정을 불러일으키는 문제를 분석하라. 감정에 연결해서 대화를 해 보라. 심호흡을 하고 긴장을 풀어 편안한 마음에서 상황을 되짚어 본다.

다음 질문에 답해 보라 ─────────────

- 당신은 부정적인 감정을 감지해 낼 수 있는가?

- 당신이 느끼는 증상은 어떠하며, 신체의 어느 부분에 해당하는가?

- 지금 기분이 어떠한지 상세하게 기술하라!

- [ ]
- [ ]
- [ ]
- [ ]
- [ ]
- [ ]
- [ ]

지금 당장 시작하라

"오늘의 책임을 회피한다고 해서 내일의 책임마저 피할 수는 없다."
- 에이브러햄 링컨

"지금 당장 시작하라. 미래는 누구에게도 보장되어 있지 않다."

웨인 W. 다이어의 말에 귀를 기울여라. 읽지 않은 이메일, 다시 연락하고 싶은 오랜 친구, 가족과 함께 보내고 싶은 시간 등……. 더 이상 미루지 말라. 자신에게 호의를 베풀어 미루는 버릇을 당장 그만두라. 단지 불안만 만들어 낼 뿐이다! 당신이 미루는 바람에 불안과 양심의 가책을 초래했던 일은 대개 한 시간 정도면 해결된다.

미루는 행동은 해야 할 일을 회피하는 행위이다. 실제로는 아무 일도 하지 않으면서도 마법처럼 상황이 개선되기를 바라며 미룬다. 저절로 개선되는 일은 없다. 미루는 버릇의 원인은 대개 일종의 두려움 때문이다. 거절에 대한 두려움, 실패에 대한 두려움, 심지어 성공에 대한 두려움까지. 또 다른 원인은 압도당하는 느낌이다.

우리는 세 가지 방식으로 미룬다.

- 해야 할 일을 두고 아무것도 하지 않는다.
- 해야 할 일보다 덜 중요한 일을 한다.
- 해야 할 일보다 더 중요한 일을 한다.

프리랜서이며 시간 조정이 자유로운 마크는 미루는 습관으로 힘겨워했다. 많은 불안이 야기되었고, 잠을 설치는 날도 생겨났다. 항상 똑같은 유형으로 나타났는데, 그는 해야 할 일을 미루고 부담을 느끼며 불안해했다. 우리의 코칭 기간 동안 그는 불안을 야기하는 몇 가지 일들을 인정했고, 실제로 그 일을 1시간 만에 끝냈다! 그는 미루는 버릇으로 인해 높은 비용을 지불하고 있다는 사실을 깨닫게 되었다.

나중으로 미루고 싶은 충동이 생기면 '이 일을 미루면 도대체 얼마나 돈을 지불해야 되지?', '한두 시간이면 끝낼 일에 부담을 느끼

205

고 잠도 설쳐야만 하나?'라고 자신에게 물어보라. 당신 마음속에
있는 것이 무엇이든 지금 당장 하라. 내일이나 다음 주로 미루지 말
라!

다음 질문에 답해 보라 ─────────────────────

- 당신이 미루고 있는 일은 무엇인가?

- 당신은 생산적인가, 그저 바쁠 따름인가?

- 지금 진정으로 중요한 일은 무엇인가?

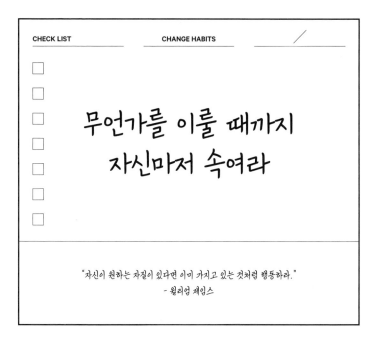

무언가를 이룰 때까지 자신마저 속여라

"자신이 원하는 자질이 있다면 이미 가지고 있는 것처럼 행동하라."
- 윌리엄 제임스

마치 그런 듯이 행동하라! 이미 당신이 목표를 달성한 듯이 행동하라. 삶의 질과 생활 방식, 직업 등을 모두 달성한 듯이 행동하라. 보다 많은 자신감을 원한다면 그런 사람처럼 행동하라. 자신감이 넘치는 사람처럼 말하고 걷고 자세를 취하라.

당신의 잠재의식은 현실과 상상을 구별하지 못한다. 당신이 장점이나 좋은 성격 등을 가지고 있는 듯이 행동하면 여러 혜택을 얻는다. 신경 언어 프로그래밍과 코칭 분야에서는 '모델링Modeling'이라고 부른다. 성공하기 위한 훌륭한 방법은 성공한 사람들을 관찰하고 모방하는 것이다. 이것을 당신이 원하는 성격적 특성에 사용하라.

'마치 그런 듯이' 행동하고 어떤 일이 일어나는지 살펴보라. 원하는 일을 해낼 때까지 자신마저 속여라!

다음 질문에 답해 보라 ──────────────────────

- 당신이 원하는 자질은 무엇인가?

- 당신이 해당 자질을 이미 가지고 있다면 어떻게 말하고 걷고 행동할 것인가?

☐
☐
☐
☐
☐
☐
☐

자세를 바꾸라

"당신이 되고자 하는 방식으로 행동하면 머지않아 원하는 대로 변할 것이다."
- 밥 딜런

자세의 변화가 마음을 바꾼다고 주장하는 신경 언어 프로그래밍에서 가져온 연습이다. 사람들에게 이런 말을 하면 농담이라고 생각한다. 엉터리라고 단정하기 전에 일단 한번 시도해 보라!

슬프거나 우울하면 사람들은 보통 바닥을 내려다보거나 어깨를 축 늘어뜨리며 슬픈 사람이 보이는 자세를 따라 한다. 그렇지 않은가? 잠시 동안 다음 행동들을 따라 해 보라. 일어서서 어깨를 펴고,

가슴을 내밀고, 고개를 약간 위쪽을 향해 치켜세운다. 당신은 위쪽을 바라보면서 자신의 모습을 과장되게 표현할 수 있다. 느낌이 어떠한가? 고개를 치켜들고 소리 내어 웃으며 걸으면 기분이 훨씬 좋아짐을 깨달을 것이다. 그런 자세로 걸으면서 슬픈 감정을 느끼기란 불가능하다.

더 많은 연구들도 있다. 2009년 브라이언과 페티, 와그너의 연구는 허리를 곧게 펴고 앉는 사람들이 구부정한 자세로 앉는 사람들보다 큰 자신감을 가지고 있다는 사실을 밝혀냈다! 에이미 커디가 하버드 대학에서 다나 카니와 함께 연구한 〈몸짓 언어가 당신의 모습을 형성한다Your body language shapes who you are〉라는 제목의 놀라운 테드 TED 강연도 있다.

2분 동안 '파워 자세'를 취하면 테스토스테론이 20% 상승하고, 코르티솔은 25% 감소한다고 한다. 테스토스테론은 자신감을 높이는 호르몬이고, 코르티솔은 스트레스 관련 호르몬이다.

당신에게 중요한 프레젠테이션이나 모임, 경기 등이 있다면 2분 동안 자신감이 넘치는 자세를 취해 보라. 손을 엉덩이에 올리고 발을 벌리거나(원더우먼처럼), 의자에 뒤로 기대어 팔을 벌리고 있어라. 이 자세를 최소 2분 정도 취해 보고 당신에게 어떤 변화가 일어나는지 살펴보라!

에이미 커디의 테드 강연인 〈몸짓 언어가 당신의 모습을 형성한
다〉를 시청하라!

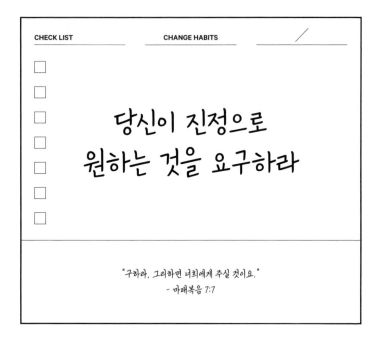

당신이 진정으로
원하는 것을 요구하라

"구하라, 그리하면 너희에게 주실 것이요."
- 마태복음 7:7

그냥 요구하라! 요구해 보고 거절당하는 편이 '요구해 보기라도 할걸' 하며 후회하며 살기보다 낫다. 식당에 가면 좋은 테이블을 요구하고, 공항에서는 업그레이드된 좌석을 요구하라. 당신이 기다려 온 임금 상승을 요구하라. 요구하라!

당신은 이미 "안 돼!"라는 말을 답으로 가지고 있다. 그러나 약간의 놀라운 경험도 할 것이다. 요구하면 적어도 당신이 원하는 것을 가질 기회는 얻는다. 사랑하는 이에게 당신이 원하는 바를 요청하라. 상관, 친구, 가족 등 누구에게라도 당신의 마음을 읽어 주기를 기대하지 말라! 생각해 보라! 너무나도 큰 기대 때문에 자신에게 상처를 주는 일은 별로 많지 않다.

대체로 나의 애정 관계에서 그러한 일들이 일어나곤 했다. 사랑하는 사람이 내 마음을 읽지 못해서 실망한 경우가 많았다. 내가 "바로 그거야!"라고 말하기 전까지는 계속 같은 식이었다. 결국 그녀에게 원하는 바를 요구하기 시작했다.

또 다른 사례는 우리의 사장이다! 우리는 많은 일에 노력을 쏟아부으며 임금 인상이나 승진을 기대했지만, 결국 그런 일은 일어나지 않았다! 나는 당당히 요구했다! 원하는 것을 얻지 못한 상황보다 나쁜 최악의 상황이 일어나겠는가? 당신은 임금 인상도 승진도 일절 받은 바 없다! 당신이 요구하지 않는다면 현 상태 그대로 지속될 것이다. 요구한다면 적어도 대답은 들을 수 있고, 당신의 위치가 어느 정도인지도 가늠할 수 있다.

다음 사항을 명심하고 요구하라 ————————————————

- 기대감을 가지고 요구하라.
- 받을 수 있다는 사실을 인지하라.

- 당신의 생각과 느낌, 내면의 대화를 긍정적으로 유지하는 것을 잊지 말라.
- 담당자에게 요청하라.
- 구체적으로 요구하라.
- 어릴 적 그랬듯이 반복해서 요구하라.

실행 단계 ───────────────────────────────

❶ 당신이 요구할 내용과 요구하지 않을 내용의 목록을 모두 작성하라.

❷ 열심히 요구하라.

CHECK LIST　　　　　CHANGE HABITS

☐
☐
☐
☐
☐
☐
☐

내면의 목소리에
귀를 기울여라

"직관적인 마음은 신성한 선물이며, 합리적인 마음은 충직한 하인이다.
우리는 하인은 존경하면서 선물은 잊어버린다."
- 알베르트 아인슈타인

아인슈타인은 우리를 위한 위대한 선물인 직관을 이미 알고 있었다. 자기 내면의 목소리에 귀를 기울이고 직감과 함께 어울려라.

머릿속에서 직관과 다른 작은 목소리를 구별하는 것은 쉽지 않다. 합리성에서 나온 직관은 종종 당신에게 해야 할 일과 할 수 없는 일을 알려 준다. 연습이 좀 필요하다. 작은 것부터 시작하라. 예를 들면, '매일 아침 어느 길로 출근할 것인가', '완전히 흐린 날 선글라스를 가지고 갈 것인가' 같은 물음이다.

나는 고등학생 시절에 직관을 연습했다고 기억한다. 학교에 가는 길이 두 개 있었고, 두 길 모두 서로 다른 방향에서 오는 기차가 지나가는 철길 건널목이 있었다. 두 개의 철길 건널목이 동시에 닫히는 경우는 거의 없었다. 나는 닫힌 철길 건널목 앞에서 멈추기 위해 어느 쪽 길을 택할지를 놓고 내면의 목소리와 게임을 했다. 가끔은 직관을 따랐지만 그러지 않은 적도 있다.

몇 주 전 나는 독일의 고속 도로에서 운전을 했다. 내가 가려는 목적지까지 두 가지 경로가 있었다. 나는 한쪽 길로 가기를 원했지만, 매우 복잡해 보이는 다른 길로 가고 싶은 직감이 아주 강하게 들어서 따르기로 했다. 30분 후 나는 처음 가려고 했던 고속 도로에 25km가량 교통 체증이 발생했다는 안내를 라디오로 들었다! 하마터면 꼼짝없이 갇힐 뻔했다! 나는 즉시 내면의 목소리에 감사했다!

우리는 알게 모르게 직관에 관한 많은 경험을 가지고 있다. 어떤 사람이 문득 떠올랐는데 곧이어 전화벨이 울린다. 전화를 받아 보면 바로 그 사람이었던 경험을 해 보았는가? 당신이 누군가를 생각했고, 잠시 후 쇼핑센터에서 그와 우연히 마주친 경험은 어떠한가?

내면의 목소리를 신뢰하고 더 많이 연습할수록 직관은 강해진다. 보다 많은 결과를 보게 되고, 머릿속에서 나는 작은 이성적인 목소리와도 쉽게 구별하게 된다. 정말 놀랍지 않은가? 명상이 직관에 가까이 다가가기 위한 훌륭한 도구라는 사실은 이미 증명된 바 있다. 5분에서 10분 정도 고요히 앉아 앞으로 어떤 일이 일어날지 들어 보라.

일단 직관의 목소리를 듣는 법을 익히면 즉시 행동으로 옮겨라! 누군가에게 이메일을 보내거나 말하는 것과 관련된 예감일 수도 있다. 만일 아이디어의 형태로 다가오면 행동으로 옮겨라.

일지에 기록하라

"사람들은 세상을 바꾸기를 원하지만, 아무도 자신을 바꿀 생각은 하지 않는다."
- 레프 톨스토이

이번 연습만은 빠뜨리고 싶지 않았다. 일지를 만들고 하루 일과를 반성하는 작업은 모든 고객에게 추천하는 아주 중요한 연습이다. 하루 일과가 끝난 후 몇 분 정도 할애하여 잘한 행동을 살펴본다. 몇 가지는 투영해 보고 행복한 순간들을 되새겨 본 후 모든 것을 기록으로 남긴다.

일지를 남기다 보면 매일 행복, 동기 부여, 자부심 등의 추가 축

진제를 얻는다! 잠들기 전 긍정적인 일에 마음을 집중하면 수면과 잠재의식에 혜택을 주는 효과를 얻는다. 잘 풀리지 않아서 깨어 있게 만드는 일 대신 하루 중 긍정적이고 고마운 일에 당신의 초점이 맞춰진다. 그때쯤이면 아마 당신도 이 작업이 얼마나 중요한지 알게 될 것이다! 고객과 나 자신을 위한 작은 연습이 행복한 인생에 대단히 많은 변화를 몰고 왔다.

매일 밤 다음의 질문에 답하고 기록하라 ────────────

- 나는 무엇을 감사하고 있는가(3~5가지)?

- 오늘 나를 행복하게 했던 3가지는 무엇인가?

- 오늘 특히 잘한 3가지는 무엇인가?

- 어떻게 했더라면 오늘 일을 보다 잘했겠는가?

- 내일 해야 할 가장 중요한 목표는 무엇인가?

첫 연습에는 글이 잘 써지지 않더라도 염려하지 말라. 다른 모든 일들과 마찬가지로 연습을 통해 기록 실력도 향상된다. 막혀서 아무 생각도 나지 않으면 5분 정도 더 노력해 보라. 생각하거나 판단하지 말고 마음에서 나오는 것을 적어야 한다. 자기 스타일과 실수는 염려하지 말라. 그냥 적으면 된다!

매일 한 달간 작성해 보고 어떠한 변화가 일어나는지 관찰해 보라! 일반 공책이나 일정표면 충분하다.

☐
☐
☐
☐
☐
☐
☐

징징대지 말라

"세상 누구에게도 당신의 문제를 말하지 말라.
20%는 당신의 말에 신경 쓰지 않으며,
나머지 80%는 당신이 문제를 갖고 있다는 사실을 반긴다."
- 루 홀츠

보다 행복해지려는 욕구로서의 불평은 독이나 마찬가지다. 자기 연민을 조장하고, 아무것도 달성할 수 없는 쓸모없는 행동이다. 불평은 전혀 관심을 끌지 못한다. 불평은 피해자의 사고방식이다. 당신은 더 이상 피해자가 아니다. 어둠을 불평하는 행위를 멈추고 양초 하나를 밝혀라.

시간이 없는 데다 1시간 일찍 일어나지 못한다고 불평하지 말

221

라. 몸무게에 관한 불평은 그만두고 운동을 시작하라. 부모나 선생님, 직장 상사, 정부, 경제에 대한 불평은 그만두고 자기 인생에 책임을 져라. 계속해서 담배를 피거나, 건강에 좋지 않은 식사를 하거나, 꿈을 포기하는 것은 누구도 아닌 당신 잘못이다.

아침에 30분 일찍 일어나는 대신 알람 버튼을 누른 사람도 당신이다. 위험 앞에서 두려움을 선택한 사람도 당신이다. 만족스러운 삶을 살지 못한다고 타인을 비난하지 말라. 당신 인생의 소유자는 당신이다!

자기 인생이라면 당신이 원하는 무엇이든 할 수 있다. 당신이 이 사실을 빨리 인정할수록 꿈을 향해 더 빨리 나아가게 된다. 어디에다 계속 초점을 맞추고 나아가야 할지 기억하라! 현재 상황을 불평하면 당신의 초점은 현재에 맞추게 되고, 싫어하는 것을 좀 더 끌어오게 된다. 이러한 악순환에서 벗어나 당신이 원하는 것에 집중해야 한다.

성공을 위해 당신의 내면을 들여다보며 긍정적인 의욕과 의지를 촉진하라. 지금 당신이 원하는 환경을 창조해 보라. 바로 결정을 내리고 거기에 맞추어 살기 시작하라.

❶ 모든 불평 목록을 작성한다.

❷ 당신의 불평이 성취해 놓은 바가 무엇인가?

❸ 불평을 요구로 전환한다.

수혜자가 되라

"훌륭한 칭찬이라면 나는 두 달을 참을 수 있다."
- 마크 트웨인

선물이나 칭찬을 받아들이기 어려운가? 거부하는 행위를 당장 멈추라! 당신은 수혜자가 되어야 한다! 선물을 기쁘게 받아들이는 것도 중요하다. 당신이 원하는 것을 더 많이 얻기 위한 비결이기도 하다. 선물을 받고 "오, 선물은 필요 없습니다"라고 한다면 선물을 주는 기쁨을 타인에게서 앗아 가는 행위이다. 칭찬에도 그대로 적용된다.

이와 같은 행동을 면밀히 살펴보라! "선물은 필요 없습니다"라는 대답 뒤에 '나는 받을 자격이 없어', '나는 그럴 만한 가치가 없어' 같은 감정이 숨어 있지는 않은가? 정당화할 이유는 없다. 무언가를 주는 기쁨을 다른 사람들에게서 감소시키지 말라. 그냥 고맙다고 말하라.

오늘부터 대범하게 '받는 기술'을 훈련하겠다. 누군가 당신에게 칭찬의 말을 한다면 고맙다는 말과 함께 상냥하게 받아들여라. 그냥 받아들이고 되돌려 주지 말라.

"감사합니다. 그렇게 느끼셨다니 정말 기쁩니다."

이처럼 말할 수도 있겠다. 다른 사람도 그러한 경험을 즐기게 하라. 당신에게 많은 도움이 된다. 아래의 행동들을 근절하기 위해 노력한다면 당신의 자부심은 완전히 새로운 단계로 접어들 것이다.

- 칭찬을 거절하는 행위.
- 당신을 위축시키는 행위.
- 당신이 받은 칭찬을 타인에게 돌리는 행위.
- 당신은 자격이 없다고 여겨 멋진 물건을 사지 않는 행위.
- 누군가 당신을 위해 좋은 일을 했음에도 부정적인 면을 찾아 내는 행위.

❶ 지금부터 당신이 받는 모든 선물과 칭찬에 "감사합니다"라고
답한다. 설명하려고 하거나 정당화하지 말라.

❷ 위의 5가지 행동 중 하나라도 해당되는지 분석하라. 해당되면
고치려고 노력하라.

- [ ]
- [ ]
- [ ]
- [ ]
- [ ]
- [ ]
- [ ]

잘못된 사람들과 어울려 시간을 낭비하지 말라

"당신이 무엇을 하든 용기가 필요하다.
당신이 어떠한 결정을 내리든 틀렸다고 말하는 누군가는 늘 존재한다."
- 랄프 왈도 에머슨

당신이 누구와 시간을 보내는지 확인하라!

"당신은 대부분의 시간을 함께 보내는 5명의 평균이다."

짐 론이 한 말을 진지하게 받아들일 필요가 있다. 당신이 최선을 다할 수 있게 끌어 주고, 동기를 부여해 주고, 믿어 주는 사람들과 함께 많은 시간을 보내도록 하라. 당신에게 힘을 주는 사람들 주변에 머물러라. 감정과 태도에는 전염성이 있다는 사실을 기억하라.

주변 사람들은 당신에게 동기를 부여하고, 용기를 주고, 올바른 행동을 취하도록 도와줄 출발점이 된다. 반면 맥 빠지게 하고, 에너지를 낭비하게 하고, 인생의 목표 달성에 브레이크로 작용하기도 한다.

부정적인 사람들과 함께 지낸다면 시간이 지남에 따라 당신도 부정적이고 냉소적인 사람으로 변한다. 그들은 안전을 중요시하고, 위험과 불확실한 것은 싫어한다. 당신이 지금 상태로 계속 지내도록 설득하고, 자기들 곁에 계속 붙잡아 둘지도 모른다.

반대론자들, 비난하는 사람들, 불평만 늘어놓는 사람들에게서 멀리 떨어져야만 한다. 그런 사람들은 항상 판단하길 좋아하고, 남을 험담하며, 모든 것을 나쁘게 말하는 사람들이다. 스티브 잡스는 스탠퍼드 대학교 연설에서 다음과 같이 말했다.

"다른 사람들의 견해가 잡음이 되어 자기 내면의 소리를 압도하게 해서는 안 된다."

주변 사람들이 반대로 설득한다면 스스로 성장하고 번창하는 것은 어렵다. 그런 사람들이 당신과 가까운 사람이라면 어떻게 할 것인가? 유일한 방법은 그들보다 훌륭한 사람이 되는 것이다. 당신이 성장하고 발전한다면 더 이상 그들의 입맛을 만족시키지 못한다. 오래지 않아 부정적인 사람들은 모두 주변에서 사라질 것이다. 그들은 자신들의 부정적인 생각을 함께 공유할 사람을 필요로 한다. 당신이 그렇게 하지 않으면 구미에 맞는 다른 누군가를 찾을 것이다.

위의 방법이 통하지 않는다면 그들과 보내는 시간을 줄일지, 아예 만나지 않을지 당신에게 진지하게 물어보아야 한다. 비록 쉽지는 않았지만 나를 응원하지 않는 사람들을 전체 인생에서 무의식적으로 분리해 냈다. 그 점은 결코 후회해 본 적이 없다. 자신에 대한 코칭 훈련을 마친 나는 당신이 이 책에서 배우고 있는 모든 이론들을 강화하여 스스로를 변화시켰다.

실행 단계

❶ 인생에서 당신과 함께 시간을 보내는 모든 사람들의 목록을 작성하라. (가족 구성원, 친구, 동료)

❷ 누가 당신에게 긍정적인지, 누가 당신을 지치게 하는지 분석하라.

❸ 긍정적인 사람들과 함께 많은 시간을 보내라. 인생에서 암적인 사람들(비난하는 사람들, 불평하는 사람들)을 만나는 일을 중단하거나, 최소한 그들과 보내는 시간을 줄여라.

❹ 당신을 지지하는 긍정적인 사람들과 함께하라.

❺ 스티브 잡스의 스탠퍼드 대학교 연설을 시청하라.

CHECK LIST   CHANGE HABITS   _____ /

자신의 인생을 살라

"마음과 직관은 당신이 진실로 되고자 하는 바를 이미 알고 있다."
- 스티브 잡스

스티브 잡스의 말이 모든 것을 대신하고 있다! 그의 현명한 조언에 무언가를 덧붙이기 어렵다. 다른 사람의 기대가 아니라 당신이 원하는 삶을 살아라. 이웃이나 다른 사람들이 당신을 어떻게 생각하는지 염려하지 말라. 타인들이 하는 말에 너무 많이 신경 쓰면 당신의 인생이 아니라 타인들의 인생을 사는 순간이 존재하게 된다.

마음의 소리에 귀를 기울여라. 다른 모든 이들이 하는 꼭 필요하지 않은 일이 아니라 당신이 원하는 일을 하라. 달라질 용기를 가져라! 파울로 코엘료는 다음과 같은 말로 우리에게 깨달음을 준다.

"누군가가 타인들이 바라는 모습이 아니라면 그들은 화를 낸다. 모든 사람들은 타인들이 삶을 주도해 가는 방식을 명확히 아는 듯 보이지만, 정작 자신의 삶은 아무도 알지 못한다."

실행 단계 ────────────────────────

지금 어떤 측면에서 당신의 삶을 살고 있지 않은가? 목록을 작성하라!

- [ ]
- [ ]
- [ ]
- [ ]
- [ ]
- [ ]
- [ ]

누가 최고인가?

"당신의 허락 없이는 누구도 당신에게 열등감을 심어 줄 수 없다."
- 엘리노어 루스벨트

이웃을 사랑하듯이 당신을 사랑하라! 다른 사람들에게서는 훌륭한 점을 여러 차례 발견하지만, 당신에게서는 발견하지 못하고 있다! 인생에서 당신이 가진 가장 중요한 인간관계는 자신과의 관계이다! 자신을 좋아하지 않는다면 어떻게 다른 사람들이 당신을 좋아하도록 기대하겠는가? 자신을 먼저 좋아하지 않는다면 어떻게 다른 사람을 좋아하기를 기대하겠는가?

나를 찾아오는 고객들이 가진 문제의 대부분은 직접적으로, 간접적으로 자신감과 관련되어 있다. 가령 그들이 받지 못하는 임금 인상과 감사의 말, 찾지 못하는 인간관계 등이다. 나는 그들이 목표를 향해 전진하도록 노력하는 동안 자신감도 코칭한다. 당신은 어떤 방식으로 자신감을 얻을 수 있는가?

우선 당신의 모습을 있는 그대로 받아들여라. 당신은 완벽하거나 훌륭할 필요가 없다! 인생에서 가장 중요한 사람인 자신과 함께 시간 보내는 법을 배워라. 당신이 상상할 수 있는 가장 훌륭한 인생 동반자와 함께 영화를 보러 가도 좋다. 바로 당신과 함께! 웨인 다이어 박사는 말했다.

"혼자일 때 함께인 사람을 좋아한다면 당신은 외로울 수 없다."

바쁜 일상에서 벗어날 장소를 찾아라. 아무리 자주 해도 부족한 말이 있다.

"자신을 받아들이는 것은 행복에서 핵심 요소이다."

한 명의 개인으로서 당신의 가치를 인지하라. 존중하는 마음을 얻었다는 사실을 명심하라. 실수를 저질렀다고 자책해서는 안 된다. 실수를 받아들여라. 실수를 반복하지 않기 위해 최선을 다하겠다고 자신과 약속하라. 당신이 바꿀 수 없는 일로 자책해 봤자 아무 소용이 없다.

이기적이어라! 뭐라고? 지금 무슨 말을 하고 있냐고? 맞다. 당신은 바로 알아들었다. 나는 이기적인 사람이 되라고 말했다. 내 말이 자기중심적인 방식을 의미하지는 않는다. 내면의 만족감을 전체적인 환경으로 전파하기 위한 이기적임을 뜻한다.

당신이 내면적으로 만족감을 느끼지 못한다면 좋은 남편도, 아내도, 아들도, 딸도, 친구도 될 수 없다. 기분이 좋다면 당신은 그 느낌을 주변 사람들에게 전파할 수 있다. 그로 인해 모든 사람들이 혜택을 누린다.

자신감을 높이기 위한 연습 ─────────────────────

❶ 일지에 기록하는 연습을 하라.

❷ 당신의 성공과 업적에 대한 목록을 작성하라.

❸ 당신이 훌륭하게 해내고 있는 모든 일의 목록을 작성하라.

❹ 거울 연습. 거울 앞에서 당신이 얼마나 멋지고 훌륭한지 말하라! 처음에는 낯설게 느껴질지도 모르지만, 차차 익숙해질 것이다.

❺ 다른 사람의 자부심을 높여 줘라.

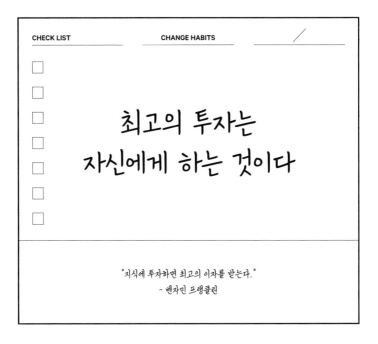

최고의 투자는
자신에게 하는 것이다

"지식에 투자하면 최고의 이자를 받는다."
- 벤자민 프랭클린

개인적이고 직업적인 성장을 위한 최고의 선택은 당신에게 투자하는 것이다. 당신이 될 수 있는 최고가 되기 위해 전념하라. 수입의 5~10%는 훈련을 비롯한 책이나 자료, 기타 자기 계발을 위한 방법에 투자하라. 호기심을 갖고 새로운 것을 배우고, 더 나은 모습이 되기 위해 열망하라.

개인적 성장을 위한 투자의 긍정적인 효과는 무엇일까? 당신이 보다 똑똑한 사람이 되는 동안, 한편으로는 당신의 회사를 위한 가치 있는 사람이 될 수도 있다는 점이다. 가능성은 너무나 많다. 당신은 협상 기술, 시간 관리, 재정 계획 등을 향상시키는 훈련을 받았을 것이다. 2시간이나 4시간의 워크숍에서 인생을 전환할 강력한 전략이나 도구들을 배울 수 있다. 또는 너무나 지쳐서 인생 코치를 고용하여 진정으로 당신을 위해 노력할 수도 있다.

지금까지 내 인생에서 가장 최고의 투자는 코치를 고용하는 것이었다. 그는 내가 곤경에서 빠져나와 인생에서 진정으로 원하는 것이 무엇인지 명확하게 인지하게 했다. 두려워하던 인간관계를 완전히 바꾸도록 도와주기도 했다.

당신은 독서를 하거나, 훈련 프로그램을 듣거나, 강좌를 수강하는 등 좀 더 저렴한 방법으로 시작할 수도 있다. 나는 최소한 일주일에 한 권의 책을 읽고 2개월마다 새로운 과정을 수강한다. 1년에 적어도 2회 정도는 세미나나 훈련에 참여하는 습관을 만들었다.

어떤 일을 할 계획인가? 초기 단계들도 중요하다는 사실을 명심하라!

실행 단계 ────────────────────

앞으로 12개월 동안 어떤 일에 전념할지 써라.

나는 (   )을 위해(되기 위해)

한 달에 (   )권의 책을 읽고,

매월 (   )개의 학습 프로그램과 오디오북을 듣고,

앞으로 6개월 안에 (   )개의 훈련에 참여하겠다.

날짜 :

서명 :

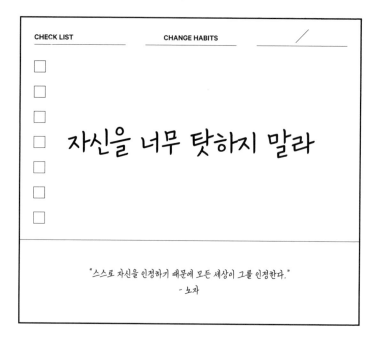

자신을 너무 탓하지 말라

"스스로 자신을 인정하기 때문에 모든 세상이 그를 인정한다."
- 노자

　과거의 실수나 원하는 만큼 일이 잘되지 않아서 쉽게 자기비판의 습관에 빠진다. 그것이 당신에게 도움이 되는가? 맹세코 아니다! 당신은 지금 여기에서 진실 한 가지를 받아들여야만 한다. 당신은 결코 완벽하지 않다는 사실이다! 앞으로도 절대 그럴 일은 없다. 가장 최선은 전혀 완벽해질 필요가 없다는 것이다! 마지막으로 한 번 더 말하겠다. 당신을 너무 탓하지 말라! 행복과 성취감을 느

238

끼는 인생을 가로막는 주요 원인 중 하나다.

우리가 살면서 겪는 고통 중 많은 부분은 무언가에 대해 잠재의식적으로 자신을 벌해야겠다고 생각하기 때문이다. 나는 과장된 자기비판과 자신을 처벌하는 습관을 아주 오래전에 버렸다는 점을 다행스럽게 생각한다. 단지 내가 할 수 있을 때는 언제든지 최선을 다한다는 자각을 하고 있을 뿐이다.

그렇다고 내가 과거에 저질렀던 많은 실수들을 분석하지 않는다는 의미는 아니다. 실수들을 바로잡을 수 있다면 그렇게 할 것이다. 바로잡을 수 없다면 받아들이고 훌훌 털어 버린 후 자신에게 다시는 같은 실수를 반복하지 않겠노라고 약속한다. 똑같은 실수를 계속해서 반복하면 문제가 됨을 잘 알고 있기 때문이다.

너무 어렵다고 생각하는가? 당신은 마법 제조법을 알고 싶은가? 세상 어느 약국에서도 팔지 않는다. 공짜다! 준비가 되었나?

- 당신의 모습 그대로를 받아들여라!
- 당신을 용서하라! 스스로를 사랑하라!
- 당신을 매우 열심히 돌보라!

바로 이거다! 아주 쉽다. 지금 바로 시작하라.

다음 질문에 답해 보라 ─────────────────────────

• 인생에서 당신을 아주 심하게 구박하는 부분은 무엇인가?

• 당신을 구박해서 어떤 이득을 얻는가?

- [ ]
- [ ]
- [ ]
- [ ]
- [ ]
- [ ]
- [ ]

진정한 자아를 찾아라

"자아가 두렵고 낯설다고 판명되더라도 우리는 당당히 본연의 모습이 되어야 한다."
- 메이 사튼

정말 성공한 사람은 진정한 자기 모습을 가진 이들이다. 그들은 어떠한 역할도 하지 않는다. 그저 자신의 모습대로 살아갈 뿐이다. 눈에 보이는 그대로의 모습이다! 그들은 자신의 강점과 약점을 잘 알고 있다. 그들은 자신의 실수를 책임지는 것에 아무런 문제가 없다. 게다가 타인들의 비난도 두려워하지 않는다.

세상이 당신에게 어떤 사람이 되어야 하는지 강요하게 하지 말

라. 당신의 거짓된 자아는 다른 모든 사람들을 만족시키기를 원하는 모습이다. 얼굴에 마스크를 쓰고 주변에 있는 동료나 친구, 이웃들로부터 열심히 의견을 묻는 모습이다. 거짓된 역할극은 이제 그만하라!

타인들이 당신에게 원하거나 외부로 드러나는 모습을 생각하지 말고 당신의 진정한 자아를 찾아라. 굉장한 보상이 기다리고 있을 것이다! 당신이 더욱더 본연의 모습으로 변해 갈수록 뜻밖에도 많은 사람들이 당신에게 끌리게 된다! 한번 해 보라!

다음 질문에 답해 보라 ─────────────

- 0~10까지의 점수 중 당신의 진정성은 몇 점인가?

  8점인가? 일단 축하한다! 당신은 매우 근접했다. 계속해서 개선해 나가도록 노력하라!

  4점이라고? 할 일이 좀 있겠다. 하지만 책에 있는 연습을 통해 완전한 진정성에 가까이 접근할 것이다!

- 당신은 얼마나 많은 역할을 맡고 있는가?

- 혼자 있을 때 당신은 누구인가?

• 언제 본연의 모습을 마지막으로 느꼈는가?

☐
☐
☐
☐
☐
☐
☐

하고 싶은 일을
마음껏 하라

"자기를 대하는 태도를 바꾸면 다른 사람들의 태도도 바뀐다."
- 작자 미상

고객과 관련하여 내가 좋아하는 연습 중 하나이다! 먼저 아무 제약 없이 마음껏 하고 싶은 일에 대한 15가지 목록을 작성한다. 독서, 영화 감상, 메시지 받기, 해돋이 보기, 물가에 앉아 있기 등등. 그다음 2주 동안 이틀마다 한 개씩 실행한다.

이 연습은 정말 기적처럼 놀랍다! 일단 자신을 잘 대접하기 시작하면 자신감과 자부심에 기적과 같은 일들이 일어난다! 지금 바로 시작하라!

➊

➋

➌

➍

➎

➏

➐

➑

➒

➓

⓫

⓬

⓭

⓮

⓯

☐
☐
☐
☐
☐
☐
☐

몸을 관리하라

"신체의 건강 유지는 인간의 본분이다.
그렇지 않으면 우리의 마음을 튼튼하고 맑게 유지할 수 없다."
- 부처

역설적이지 않은가? 사람들의 말을 들어 보면 대부분 인생에서 건강이 제일 중요하다고 말한다. 그럼에도 많은 사람들은 술 마시고, 흡연하고, 정크 푸드를 먹고, 심지어 마약까지 한다. 여유 시간에는 긴 소파에서 신체적인 활동을 거의 하지 않고 보낸다.

기억하라! 이 방법은 매우 간단하다! 건강한 인생은 스스로 결정하기에 달려 있다. 지금부터 건강한 인생을 살기로 결정하라. 균형

잡힌 식단을 따르고, 규칙적으로 운동하라. 긍정적인 생활 방식을 만들기 위해 필요한 영양분을 모두 뇌로 공급하도록 신체를 건강한 상태로 유지하라. 신체가 건강하지 못하면 정신도 일을 못 한다. 건강을 잘 돌봐야 한다. 여기 몇 가지 예시가 있다.

- 과일과 채소를 많이 섭취한다.
- 육류 섭취를 줄인다.
- 매일 2리터 이상의 물을 마신다.
- 적게 먹는다!
- 정크 푸드를 먹지 않는다.
- 일찍 일어난다.

실행 단계 ────────────────────────────

건강한 생활 방식을 위해 당신은 무엇을 할 계획인가? 3가지 이상을 적어 보아라.

❶

❷

❸

- [ ]
- [ ]
- [ ]
- [ ]
- [ ]
- [ ]
- [ ]

일주일에 3회 이상 운동하라

"운동할 시간을 찾지 못한 사람들은 앓아누워 있을 시간을 찾아야 할 것이다."
- 에드워드 스미스 스탠리

운동의 중요성을 이야기해 봤자 당신에게는 그리 새로운 내용이 아니라고 생각한다. 비록 운동의 중요성을 알고 있더라도 많은 이들은 실천하지 않는다. 최고의 변명은 항상 '시간이 없다'이다. 그러나 누군가가 당신의 인생은 운동에 달려 있다고 말한다면 어떻게 될까? 당장 운동을 시작하지 않으면 한 달 후 죽게 된다면? 당신은 분명 운동할 시간을 찾을 것이다. 즉, 시간은 별로 문제가 되지 않는다.

　나는 운동이 얼마나 중요한지, 운동할 시간을 어떻게 찾는지 등 당신을 납득시키려는 노력을 기울이지 않을 것이다. 당신은 이미 모든 것을 알고 있기 때문이다. 나는 단지 일주일에 3~5회 정도 운동을 하면 당신에게 어떠한 이득이 있는지 보여 주고자 한다.

운동이 가져다주는 효과 ─────────────────────────

- 운동은 건강을 유지시켜 준다.
- 운동은 체중 감소에 도움을 준다. 체중을 줄이면 건강이 증진되고, 외모도 아름다워진다.
- 운동은 기분 좋게 만들어 주며, 보다 많은 에너지를 얻게 한다.
- 일단 몇 킬로그램이 줄기 시작하면 자부심도 올라간다.
- 잠들기 한두 시간 전에 30분 정도 운동하고 어떠한 변화가 일어나는지 살펴보라.
- 운동이 스트레스를 상당히 줄여 준다는 사실을 몸소 느껴 본 적이 있는가? 우선 엔도르핀이 만들어진다. 스트레스를 줄여 주는 나머지 물질은 그냥 잊어버려도 된다.

어떤 연구들은 규칙적인 운동이 당신을 보다 행복하게 만들어 주고, 우울증을 줄여 준다고 밝혔다. 더군다나 심장병, 당뇨병, 골다공증, 높은 콜레스테롤 등과 같은 질병의 위험을 낮춰 준다. 뿐만 아니라 조기 사망의 위험을 줄여 주고, 기억력을 향상시키는 등 여러 이점을 증명하기도 했다.

마지막으로 한 가지 더. 자신에게 운동을 강요하지 말라. 운동은 즐기는 것이다. 즐길 수 있고 당신에게 맞는 운동을 찾아라. 하루 한 시간 걷기도 많은 도움이 된다.

실행 단계

❶ 인터넷에서 운동의 놀라운 효과를 찾아본다.

❷ 언제부터 운동을 시작할 예정인가?

❸ 운동할 시간이 없다면 시간 찾기와 관련된 글로 돌아가서 참조하기 바란다.

- [ ]
- [ ]
- [ ]
- [ ]
- [ ]
- [ ]
- [ ]

행동하고 변화시켜라

> "당신이 할 수 있거나 할 수 있다고 꿈꾸는 모든 일을 시작하라.
> 대담성 속에는 천재성과 능력, 마법이 모두 들어 있다."
> - 요한 볼프강 폰 괴테

인생에서 성공하고 행복해지는 비결 중 하나는 변화를 일으키는 것이다. 단지 말로 설명하는 것은 부족하다. 실천이 없으면 결과도 없다. 결과가 없으면 피드백도 없다. 피드백이 없으면 배움도 없다. 배움이 없으면 우리는 아무것도 개선할 수 없다. 개선이 없으면 우리는 완전한 잠재력을 계발할 수 없다. 칼 구스타브 융이 정확하게 지적했다.

"하려고 한다는 말이 아니라 행하는 것이 당신의 모습이다."

세상을 변화시키기를 원하면서도 책이나 기사를 쓰기 위해 연필도 잡아 본 적이 없거나, 아예 아무것도 하지 않는 사람들이 너무 많다. 정치가에게 불평하는 것은 정치적인 경력을 추구하거나 적극적으로 정치적 활동을 하기보다 훨씬 쉽다.

인생은 당신의 손에 달려 있다. 당신의 아이디어를 행동으로 옮기기 시작하라. 지금 당장 커다란 도전을 선택할 필요는 없다. 매일 꾸준히 작은 일들을 행하다 보면 나중에 커다란 결과가 따라온다.

대범하게 당신이 원하는 일을 추진하라. 그러면 일을 해낼 힘을 발견할 것이다. 무슨 일이 있어도 지금 당장 시작하라! 자신의 목표를 이룬 사람들과 제자리에 머물러 있는 사람들 간의 가장 큰 차이점이 실천이다. 목표를 이룬 사람들은 지속적으로 실천에 옮긴 행동가들이다. 실수를 저지르면 배우고 앞으로 나아가며, 거절당한다 해도 계속해서 도전한다. 제자리에 머물러 있는 사람들은 하려고 하는 일을 말하지만, 자기 말에 따라 나아가지는 않는다.

더 이상 기다리지 말라! 적당한 시기는 절대로 오지 않는다! 당신이 지금 가진 것으로 시작하여 한 번에 한 단계씩 전진하라. 마틴 루터 킹이 말한 대로 행하라.

"첫발은 확신을 가지고 내디뎌라. 전체 계단을 볼 필요는 없다. 단지 첫발만 내디뎌라."

오늘 어떤 일을 시작할 계획인가?

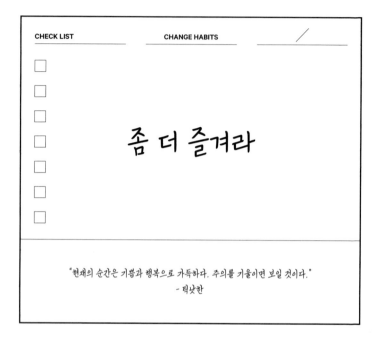

CHECK LIST CHANGE HABITS

☐
☐
☐
☐
☐
☐
☐

좀 더 즐겨라

"현재의 순간은 기쁨과 행복으로 가득하다. 주의를 기울이면 보일 것이다."
- 틱낫한

현재의 순간을 즐기는 것은 매우 중요하다! 그렇지 않으면 흘러가 버리는 인생을 알아채지도 못한다. 당신은 지금 이 순간, 이 자리에 없기 때문이다! 일하면서 주말을 생각하고, 주말에는 월요일에 해야 하는 일들을 생각한다. 애피타이저를 먹으며 디저트를 생각하고, 디저트를 먹으면서 애피타이저를 생각한다. 당신이 애피타이저와 디저트 둘 다 완전히 맛있게 즐기지 못했기 때문에 나타나

254

는 결과이다.

이렇게 생활한다면 당신은 절대 '순간의 힘'을 제대로 즐기지 못한다. 순간의 힘은 오로지 현재 시점에만 해당된다. 에크하르트 톨레는 《지금 이 순간을 살아라The power of NOW》라는 책을 혼자 집필했는데, 내가 적극 추천하는 책이다. 다음의 질문을 생각해 보라.

- 지금 이 순간 당신에게 문제가 있는가?
- 당신은 지속적으로 과거의 행동에 죄책감을 느끼거나, 불확실한 미래에 두려움을 느끼며 생활하는가?

많은 사람들은 현재를 놓치고 있으면서도 자신들이 바꾸지 못했던 과거의 일을 지속적으로 고민한다. 더 웃긴 점은 아직 일어나지도 않은 미래도 고민한다는 것이다. 빌 코스비는 지적했다.

"과거는 유령이고 미래는 꿈이다. 우리가 가진 것은 오로지 현재뿐이다."

현재를 살아가며 그 여정을 즐겨라.

당신은 현재에 더 많이 존재하고 있음을 깨달아라! 어떤 사람은 오른쪽 팔에 손목시계를 찬다. 그는 시간을 알기 위해 왼쪽 팔을 들었다가 시계가 없음을 알아차릴 때마다 자신이 현재 시간 속에 존재하고 있다는 사실을 깨닫는다고 한다.

타인에 대한 판단을 멈추라

"손가락으로 지적하기 전에 당신의 손이 깨끗한지 확실히 살펴라."
- 밥 말리

판단하는 행위는 비난과 불평이라는 나쁜 버릇들과 늘 함께 다닌다! 보다 행복하고 충만한 삶으로 가는 과정에서 판단하는 행위는 버려야 할 나쁜 습관이다! 사람들을 판단하거나 예상하지 말고 그대로 받아들여라. 나도 말보다 행동이 더 어렵다는 점을 안다. 그러나 다른 방법이 없다! 한번 생각해 보라. 실제로는 당신이 누군가를 판단할 때마다 자신을 판단하는 것이다.

❶ 타인과 관련해 당신을 가장 많이 괴롭히는 것을 목록으로 작
성하라.

❷ 위 목록을 생각해 보라. 타인이 아닌 당신에 관해서는 어떤 말
을 할 것 같은가?

☐
☐
☐
☐
☐
☐
☐

매일 무작위로
선행을 베풀라

"거저 주기에는 무척이나 힘든 일 중 하나가 친절이다.
하지만 친절은 보통 당신에게 다시 되돌아온다."
- 작자 미상

당신은 오늘보다 나은 세상을 어떻게 만들 수 있다고 생각하는
가? 매일 낯선 사람에게 친절을 베푸는 건 어떠한가? 창의적으로
생각하라!

가끔 나는 커피를 한 잔이 아니라 두 잔을 산다. 한 잔은 내가 마
시고, 나머지 금액은 직원에게 보관해 줄 것을 요청한다. 누군가 커
피를 필요로 하지만 살 여유가 없는 경우가 발생하면 주라고 일러

둔다. 슈퍼마켓에서 다음번에 쇼핑할 때 10% 할인해 주는 쿠폰을 경품으로 받으면 나는 보통 뒤에 있는 사람에게 준다.

기차나 지하철에서 누군가에게 자리를 양보하거나, 모르는 사람에게 웃으면서 조그만 선물을 사 줄 수도 있다. 진심으로 사람들을 인정하고, 극진히 대하고, 마음에서 우러난 감사의 말을 하기도 한다. 다음 사람을 위해 문을 잡고 있거나, 양손에 물건을 가득 든 사람을 도와주거나, 비행기 안에서 누군가의 무거운 손가방을 짐칸에 실어 주는 선행을 베풀 수도 있다.

창의적으로 생각하라! 오늘 즉시 시작하라! 가장 좋은 점은 '갔던 것이 되돌아온다'는 점이다. 당신이 무작위로 선행을 베풀면 더 큰 선행으로 되돌아온다! 선행을 베풀면 그만큼 기분도 좋아진다. 다른 사람들을 위해 베푸는 선행은 우리 자신을 변화시키는 진정한 힘을 가지고 있다.

보다 나은 세상으로 바꾸고 싶다면 선행을 베풀기 시작하라! 당신이 세상에서 보기를 원하는 변화가 되라! 매일 적어도 1가지씩 무작위로 선행을 베풀라. 타인의 삶에 긍정적이고 의미 있는 영향을 던져라. 선행을 베풀라!

실행 단계 ━━━━━━━━━━━━━━━━━━━━━━━━━━━━

❶ 앞으로 2주 동안 매일 한 가지씩 무작위로 선행을 베풀라.

❷ 어떤 일이 일어나는지 살펴보라. 어떠한 보상도 기대해서는
안 된다!

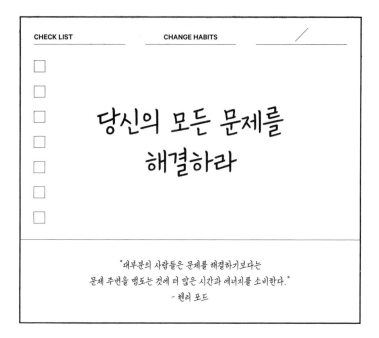

당신의 모든 문제를 해결하라

> "대부분의 사람들은 문제를 해결하기보다는
> 문제 주변을 맴도는 것에 더 많은 시간과 에너지를 소비한다."
> - 헨리 포드

당신의 문제를 해결하라. 문제와 정면으로 맞서라. 당신이 피해서 도망간다 해도 문제는 쫓아올 것이다. 문제를 해결하지 않으면 당신이 다른 곳으로 이동할 준비가 될 때까지 계속해서 문제가 반복된다.

가령 당신이 지금까지 겪어 보지 못한 동료와의 문제로 직장을 바꾼다면, 바뀐 직장의 동료와도 같은 문제로 고생할지도 모른다.

당신이 상황을 모면하는 법을 배우고 최종적으로 해결하는 방법을 터득할 때까지 문제는 지속될 것이다. 당신은 여러 애정 관계에서도 스스로 해결할 때까지 똑같은 문제들을 계속해서 겪는다는 사실을 눈치챘는가?

또 다른 커다란 에너지 낭비 요인은 누군가 책임지고 해결할 때까지 문제와 책임 주변을 기웃거리는 행위이다. 할 일을 미루고 문제 주변을 기웃거리다가 불안의 수위가 높아져 결국 후회하게 된다는 말을 수도 없이 들었다.

일단 문제에 맞서서 해결할 생각을 하면 훨씬 나아진 기분을 느끼게 된다. 문제에 맞서 해결하는 것이 문제 주변을 맴도는 전체 과정보다 덜 고통스럽다는 사실을 발견하는 것이다. 문제 밖에서 해결책을 모색하는 것은 그만두고 당신의 내면에서 해결책을 찾아라.

다음 질문에 답해 보라 ——————————————————

- 당신은 남들과 어떻게 다른가?

- 당신은 남들과 다르게 어떤 일을 할 수 있는가?

- 문제를 해결하기 위해 당신은 무엇을 할 수 있는가?

실행 단계 ─────────────────────────────

❶ 당신의 문제를 목록으로 만들고 해결책을 찾기 위해 노력하라.

❷ 당신의 문제를 면밀히 조사하라.

❸ 패턴을 찾아라. 똑같은 문제가 계속해서 반복적으로 일어나지
는 않는가?

☐
☐
☐
☐
☐
☐
☐

명상의 힘

"모든 인류의 문제는 방에 조용히 혼자 앉아 있지 못하는 무능함에서 비롯된다."
- 블레즈 파스칼

명상의 효과는 널리 알려져 있으며, 점점 더 많은 사람들이 경험하고 있다. 명상하는 사람들은 마음을 안정시켜 주며 걱정, 분노, 불안 및 우울증까지도 막아 준다는 점을 강조한다. 다른 연구들은 명상이 혈압을 낮추고 고통에 대한 반응을 줄인다는 점을 지적한다.

명상은 스트레스를 다스리고 갖가지 정보로 과부하가 걸린 마음을 진정시켜 주는 아주 쉬운 방법이다. 하루에 한 번 15분~20분씩

고요하게 앉아 있는 것만으로도 이미 변화가 만들어지고 재충전에
도 도움이 된다. 하루에 두 번 정도 한다면 더욱 좋다! 매일 명상하
는 습관을 들이기 위한 방법을 소개한다.

❶ 방해받지 않을 장소를 찾아서 15분~20분 정도를 고요하게
보낸다. 이것을 하나의 의식으로 만들라. 매일 같은 장소에서
같은 시간에 하면 좋다. 이른 아침 시간의 마법을 기억하는
가? 명상하기에는 아침 시간도 좋다.

❷ 긍정문의 힘을 사용하기 전에 당신을 편안한 상태로 만들기
위해 "나는 지금 집중하고 있고 고요하다" 같은 말을 한다.

❸ 명상을 멈추는 시간을 걱정하지 않고 완전히 집중하기 위해
20분 후로 알람을 설정한다.

❹ 앉거나 누워서 눈을 감는다. 눈을 뜬다면 방의 한 지점에 집중
한다. 창문을 마주하고 있다면 자연 속의 한 지점에 집중하면
된다.

❺ 명상 중에는 호흡에 집중하고, 편안하게 긴장을 푼다.

❻ 마음이 이리저리 산만하다면 그냥 그대로 내버려 두라. 저항
하지 말라. 파란 하늘의 구름처럼 스쳐 지나가는 생각들을 내
버려 두고 마음을 비운다. 아주 작은 물결도 일지 않는 고요한
호수 같은 마음을 보라.

일단 습관으로 만들고 나면 하루 20분 명상은 커다란 긍정적 효과를 가져다줄 것이다. 위에 기술한 6번째 단계는 단지 제안 사항이다. 명상은 잘못될 수 없으며, 오로지 본인만이 자신에게 맞는 방법을 알고 있다. 당신이 살고 있는 지역 근처에 이용 가능한 강의나 세미나가 있겠지만, 인터넷에서도 많은 정보를 얻을 수 있다. 시도해 보라!

매일 좋은 음악을 들어라

> "인생은 웅장하고 달콤한 노래이다. 지금부터 연주를 시작하라."
> - 로널드 레이건

즉석에서 빠르게 행복감을 느끼는 손쉬운 방법은 제일 좋아하는 음악을 듣는 것이다! 당신이 좋아하는 음악 목록을 만들어 신나게 듣고 노래하고 춤춰라! 처음에는 어리석은 짓처럼 느껴질지도 모르지만, 매일 하면 효과가 정말 크다! 당신이 제일 좋아하는 음악 5곡은 무엇인가?

❶

❷

❸

❹

❺

MP 3나 전화기, PC에 음악 목록을 만들어 지금 들어 보라! 당장 시작하라! 어서!

다음 질문에 답해 보라 ————————————————————

• 좋아하는 음악을 듣고 나면 기분이 어떤가? 기분에 변화가 생겼는가?

• 매일 즐기는 습관으로 만든다면 어떤 일이 일어나겠는가?

- [ ]
- [ ]
- [ ]
- [ ]
- [ ]
- [ ]
- [ ]

걱정하지 말라

"어떤 일이든 걱정한다고 도움이 되는 경우는 없다."
- 14대 달라이 라마

많은 사람들이 지속적으로 걱정한다. 그들은 자신들이 바꿀 수 없는 과거를, 자신들이 아무런 영향을 미칠 수 없는 미래를 걱정한다. 경제, 전쟁, 정치 등 자신들이 통제하지 못할 일까지 걱정한다. 재미있는 사실은 사람들이 걱정하는 재앙들이 알고 보면 덜 끔찍하거나 일어나지 않는 경우도 많다는 점이다. 마크 트웨인은 말했다.

"나는 인생에서 일어나지도 않을 일을 많이 걱정하며 살아왔다."

이 점을 명심하라! 당신이 얼마나 걱정하고 있는지는 전혀 문제가 되지 않는다. 걱정한다고 해서 과거든 미래든 당신이 바꿀 수는 없다! 걱정은 일반적으로 환경에 어떠한 개선도 가져오지 못한다. 대신 걱정은 당신을 지치게 하고, 현재 순간을 놓치고 지나치게 한다. 당신은 걱정이 얼마나 많은 시간과 에너지를 낭비하게 만드는지 알고 있는가?

다른 예를 하나 들어 본다. 로빈 샤르마의 책《내가 죽을 때 누가 울어 줄까?Who Will Cry When You Die?》에 나오는 사례이다.

로빈이 세미나에서 제안한 연습을 이행했던 한 매니저는 자신의 걱정을 분석했다. 그의 걱정 중 54%는 실제로는 절대 일어나지 않을 일이었다. 26%는 바꿀 수 없는 과거였고, 8%는 관심도 없는 다른 사람들의 의견이었다. 4%는 이미 해결된 건강 문제였다. 오직 8%만이 주의가 요구되는 문제라는 사실을 확인했다. 그는 문제가 뭔지 확인한 후 자신이 바꿀 수 없거나 단지 에너지 낭비만 가져오는 문제들은 과감히 떨쳐 버렸다. 그를 너무나도 괴롭게 했던 문제들은 무려 92%나 되었다!

다음 질문에 답해 보라 ————————————————————

- 어떤 걱정이 과거와 관련되어 있는가?

- 어떤 걱정이 미래와 관련되어 있는가?

- 어떤 걱정이 당신의 통제를 벗어나 있는가?

- 당신이 실제로 조치를 취할 수 있는 걱정은 무엇인가?

실행 단계 ————————————————————

당신의 걱정 목록을 만든다.

이동 시간을
슬기롭게 활용하라

"시간은 우리가 가장 원하는 것이지만, 가장 잘못 사용하고 있기도 하다."
- 윌리엄 펜

당신은 직장까지 가는 동안 자동차나 대중교통 안에서 얼마나 많은 시간을 보내는가? 통계적으로는 업무일 기준으로 하루에 60~90분이라고 한다! 1달이면 20~30시간이나 된다. 누가 "나는 시간이 부족해"라고 말했는가? 우리는 단지 당신에게 독서를 할 추가적인 20~30시간(버스나 기차에서)을 더 찾아 주었을 뿐이다. 자동차 안에서 오디오북을 들을 수도 있다. 당신이 라디오에서 나오는 부정적인 뉴스를 듣거나 신문을 읽는 대신, 자기 계발 프로그램과 음악을 듣거나 영감을 주는 책을 읽는다면 어떻게 될까?

다음 질문에 답해 보라 ────────────────────────

• 당신은 시도해 볼 준비가 되었는가?

• 언제 시작할 계획인가?

• 2주 동안 실행해 보고 생활이 어떻게 바뀌었는지 확인한다.

- [ ]
- [ ]
- [ ]
- [ ]
- [ ]
- [ ]
- [ ]

가족들과 함께 많은 시간을 보내라

"가족은 중요한 것이 아니라 모든 것이다."
- 마이클 J. 폭스

월트 디즈니가 예전에 한 말이 있다.

"사람은 일 때문에 가족에게 소홀히 해서는 안 된다."

나는 이 특별한 내용에 전념해야 한다. 당신이 이번 내용을 건너 뛰고 읽지 않는 일이 없도록!

이런 말을 해서 슬프지만, 내가 조직의 리더와 대표를 인터뷰해 보니 대개 그들은 가족과 함께 보낼 시간적인 여유가 없다고 한다.

브로니 웨어의 책에서는 죽어 가는 사람들이 가장 후회하는 것이 가족들과 많은 시간을 보내지 못한 점과 일터에서 너무 많은 시간을 보낸 점이었다! 그들 중 한 명이 되지 말고 지금 가족과 함께 보낼 시간을 만들라! 가족과 함께 있다면 모두에게 사랑을 베풀고 완전히 함께하라.

작년 플로리다 키스 제도에서 휴가 여행을 즐기던 중 참으로 바보스런 광경을 보았다. 어떤 가족이 도보로 구경하러 다니는 중이었다. 아버지는 업무 전화를 하며 가족들을 앞질러서 앞으로 달려갔고, 아내와 딸은 그런 상황이 아주 정상이라는 느낌을 주는 슬픈 표정을 지으며 뒤를 따라갔다. 그것도 일요일에! 만화책에나 나올 법한 상황이지만, 너무나도 현실적이고 슬퍼 보였다.

정신 차려라! 가족과 친구들을 소중하게 생각하라. 그들은 당신을 지속적으로 사랑하고 상호적인 지원을 해 줄 사람들이다. 그들로 인해 당신의 자부심과 자신감을 더욱 높일 수 있다.

다음 질문에 답해 보라 ————————————————

• 당신은 가족을 위한 시간적인 여유를 어떻게 마련할 것인가?

• 더 많은 시간을 찾기 위해 당신은 어떤 일을 그만둘 생각인가?

- [ ]
- [ ]
- [ ]
- [ ]
- [ ]
- [ ]
- [ ]

전화기의 노예가 되지 말라

> "인간은 자신이 만든 도구의 노예가 되어 왔다."
> - 헨리 데이비드 소로

앞에서 언급한 바쁜 아버지 이야기에 적용해 보면 이번 장에서 알려 주는 팁들은 정말로 유용하다. 전화는 당신의 편리를 위해서지, 당신에게 전화 거는 사람들을 위한 기기가 아니다. 전화가 울린다고 매번 받지 말라. 현재 하고 있는 일을 계속할지와 걸려 온 전화를 음성 메시지로 전환할지 판단할 선택권을 당신에게 부여하라.

예전에는 나도 전화를 받지 못하면 불안함을 느꼈다. 뭔가 놓치고 있다는 생각 때문이었다. 룸메이트였던 폴은 나보다 훨씬 태연했다. 그는 원하는 전화만, 그것도 기분이 내킬 때만 받았다. 행여 전화를 받지 못하더라도 전혀 걱정하지 않았다. 그저 자신이 하고 있던 일만 계속할 뿐이었다.

나는 폴의 아이디어가 마음에 들었다. '본인들이 필요하면 다시 걸겠지'라고 생각하며 불교에서 말하는 하나의 정신처럼 받아들이려고 노력했다. 곧 나는 정말 중요한 전화라면 상대방이 포기하지 않고 3분 이내에 5번도 걸 수 있다는 사실을 알게 되었다.

실행 단계

위에서 설명한 팁을 한번 시도해 보라! 전화기의 노예가 되지 말고 음성 메시지를 활용하라.

☐
☐
☐
☐
☐
☐
☐

문제를 처리하는 법

"모든 문제는 자체적인 해결의 실마리를 가지고 있다. 문제가 없다면 해결책도 없다."
- 노먼 빈센트 필

문제를 가지고 있는가? 축하한다! 농담이 아니다! 문제를 통해 교훈을 얻으면 성장할 기회를 얻는다. 당신은 지금 성장할 많은 기회들 속에 있다는 말이다! 의미를 좀 더 살펴보자.

20년도 더 지난 이야기이다. 내가 올랜도에 있는 디즈니 월드에서 막 일을 시작했을 때, 당시 신입 직원들은 '디즈니 멤버의 사전에는 문제라는 단어가 존재하지 않는다'고 배웠다.

"우리에게 문제란 없습니다. 오직 도전만이 있을 뿐."

레어 리베리오 박사는 저서에서 '당신의 문제는 최고의 친구이다'라고 썼다. 리더십 강연자인 로빈 샤르마는 문제를 신의 축복으로 여기라고 했다!

지금 문제는 무엇인가? 도전인가? 아니면 신의 축복? 친구? 아니면 세 가지 모두인가? 인생은 문제를 하나씩 해결해 가는 과정 아닌가? 인생에서의 모든 변화는 문제를 어떻게 대하고, 문제로부터 무엇을 배우느냐에 달려 있다! 문제로부터 무언가를 배우면 더욱 성장하여 보다 나은 인생을 경험하게 된다.

살아오면서 경험했던 문제들을 다시 되돌아보라. 각각의 문제들은 무언가 긍정적인 면도 가지고 있지 않았는가? 당신이 문제로부터 배운 것이 있다면 업무상 입은 손실이라도 실제로는 큰 손해를 막아 준 셈이 된다. 힘든 시절을 보낼 때는 '나에게 해결할 능력이 있기 때문에 인생이나 신, 혹은 전 우주가 문제를 가져다 놓는다'라고 생각하면 큰 도움이 된다!

다음 질문에 답해 보라 ────────────

- 지금 당신의 인생에서 아직 해결 방법을 찾지 못한 문제들은 무엇인가? 문제 목록을 만들라.

• 그 문제들을 도전이나 기회로 본다면 어떤 변화가 일어날까?

• 그로 인해 어떤 기분이 들까?

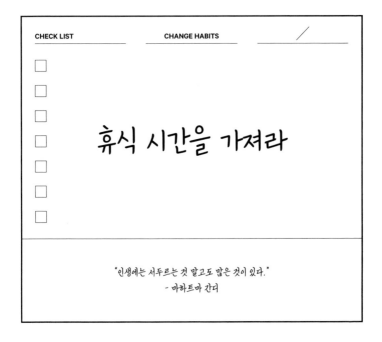

CHECK LIST   CHANGE HABITS   _____ /

☐
☐
☐
☐
☐
☐
☐

휴식 시간을 가져라

"인생에는 서두르는 것 말고도 많은 것이 있다."
- 마하트마 간디

스트레스받으며 빠르게 돌아가는 일상보다 인생의 속도를 늦추고 휴식을 취하는 편이 더 중요하다! 휴식 시간을 가져라. 자연과 함께 지내며 당신의 내부 배터리를 재충전하라. 희망을 갖고 시간을 만들어 주간 일정표에 약간의 휴식 시간만 추가하면 당장 쉴 수 있다. 과감히 실천할 용기가 있다면 주말에 인터넷을 비롯하여 TV, 비디오 게임 등으로부터 완전히 분리된 상태가 될 수 있다.

비록 최고는 아니라 하더라도 내 생애 중 가장 즐거웠던 휴가는 프랑스 남부 지역의 미디 운하에 있는 선상 가옥에서 보낸 시간이었다. 휴대폰, 인터넷은 물론이고 TV조차도 없었으며, 오로지 눈에 보이는 것은 오리들뿐이었다. 타고 있던 보트의 최고 속도라고 해 봐야 시속 8Km가 고작이라 우리는 '어쩔 수 없이' 느릿느릿 진행할 수밖에 없었다.

당신이 운하 위를 떠서 지나가는데, 운하 옆 자전거 도로에서 자전거를 탄 아이들이 마구 추월해서 지나간다면 우리와 같은 느낌이 들 것이다. 때로는 통과하는 마을이 너무 작아서 흔한 슈퍼마켓조차 없었다. 전체 여행을 한마디로 요약하자면 '도대체 어디 가서 음식을 구하지?'였다.

사실 걱정할 필요는 없었다! 항상 근처에 식당이 있었다. 게다가 항구에 정박해 해가 지는 모습을 바라보거나, 자연에 둘러싸인 채 보트에서 직접 요리해 저녁 만찬을 즐기는 매력이 있었다. 한번은 포도밭 한가운데에서 저녁을 먹은 적도 있다. 정말 멋지지 않은가!

아침에는 프랑스의 아주 작은 마을로 산책하듯 걸어가서 하나밖에 없는 빵집에 들러 바게트를 사 먹었다. 우리는 해가 뜰 때 일어나서 해가 지면 체스를 두 게임 둔 후 잠자리에 들었다. 나중에 이 여행에 대해 아내가 했던 말을 빌리자면 이렇다.

"우리는 오리와 함께 기상해서 오리와 함께 잠자리에 들었어요."

휴식 시간을 가지고 자연과 소통하라! 긴 여행이 아니어도 좋다. 기회가 있을 때마다 숲속을 거닐거나, 공원 벤치에 앉아 자연을 만끽하라. 그 후 느낌이 어땠는지 말해 보라. 아니면 그냥 벤치나 잔디 위에 누워 파란 하늘을 찬찬히 올려다보는 것도 좋다.

마지막으로 잔디나 해변을 맨발로 거닐어 본 적이 언제인가? 당신은 자신을 위해 시간적인 여유를 가지고 휴식을 취하거나 원기를 회복하는 것이 얼마나 중요한지 깨달았는가? 진정으로 그러길 바란다. 휴식 시간에 무엇을 할 계획인가?

실행 단계 ────────────────────────

달력을 보고 당장 휴식 시간을 계획하라!

매일 특별한 순간을 경험하라

"행복의 비결은 사랑할 사람, 해야 할 일,
그리고 무언가를 기대하는 마음이라고 나는 믿고 있다."
- 엘비스 프레슬리

판에 박힌 일상과 권태가 당신의 인생 속으로 기어들어 오게 하지 말라. 매일 저녁 단순히 TV 앞에서 일상을 마무리하기보다는 일과를 끝낸 후 당신이 하고 싶었던 것을 시도하라. 아래에 몇 가지 예를 들어 보겠다.

• '혼자만의 시간'을 가진다.

- 배우자와 함께 자연 속에서 산책한다.
- 거품 목욕을 하고 온천을 즐긴다.
- 훌륭한 직업, 가족, 생활 등과 관련된 무언가를 기념한다.
- 친구에게 전화를 한다.
- 누군가와 함께 점심을 먹는다.
- 문자 메시지로 대화를 한다.
- 술을 마시러 간다.
- 영화, 연극, 콘서트를 보러 간다.
- 손톱, 발톱 관리를 받는다.
- 집에서 영화를 본다.
- 아침에 해돋이를 본다.

특별한 순간들을 위해 일정표에 시간을 따로 떼어 두는 것을 잊지 말라!

- [ ]
- [ ]
- [ ]
- [ ]
- [ ]
- [ ]
- [ ]

안전지대를 벗어나라

"안전지대 밖으로 나오면 한때는 알 수 없고 두려웠던 것이 당신에게 새로운 표준이 된다."
- 로빈 샤르마

"마법은 당신의 안전지대 밖에서 일어난다."

이 말을 들어 본 적 있는가? 도대체 '안전지대'란 무엇인가? 다음의 비유가 잘 설명해 준다.

끓는 물이 들어 있는 냄비에 개구리를 넣으면 뛰쳐나온다. 개구리를 냄비에 넣고 물을 서서히 가열하면 개구리는 아무 반응 없이 삶아져 죽는다. 이것이 바로 어딘지도 모른 채 안전지대라는 함정에 빠져 있는 많은 사람들에게 일어나는 일이다.

안전지대는 당신의 현재 경험에 대한 한계이다. 현재 당신의 지식수준을 기반으로 하여 당신이 행동하고 생각하고 느끼기에 익숙한 것을 의미한다. 그곳은 매우 아늑하고, 앞으로 무슨 일이 일어날지 대부분 정확히 알고 있는 곳이다. 당신이 자동 조종 장치를 활용하여 틀에 박힌 일상을 살고 있는 곳이며, 변화란 존재하지 않는 곳이다.

개인적인 성장과 발전은 안전지대 밖에서 일어난다. 따라서 직업을 바꾸거나, 기업을 새로 시작하거나, 창조적으로 되거나, 더 이상 유효하지 않은 관계에서 벗어나고자 한다면 당신은 과감히 안전지대를 빠져나와야 한다. 불행히도 현재 머물고 있는 곳이 더 편안하며, 당신의 마음도 자신을 그곳에 계속해서 붙잡아 두기 위해 최선을 다하고 있다! 더 이상 좋아하지 않은 직업에 갇혀 있는 동안 나는 자신을 붙잡고 온종일 이렇게 말했다.

"글쎄, 그렇게 나쁘진 않아. 더 나빠질 수도 있었어. 누가 알겠어? 아마 다음 직장에서는 훨씬 더 나빠질 거야."

허구한 날 나에게 맞지도 않은 일만 계속해 나갔다. 월요일이 되면 금요일이 오기만을 바라고 있었다. 휴가에서 돌아오면 다음 휴가가 빨리 오기만을 바랐다. 어떤 상황인지 상상이 가는가? 나는 스티브 잡스의 스탠퍼드 대학교 연설을 몇 년 더 일찍 봤어야 했다.

당신은 벌써 그의 연설을 들어 보았는가? 잡스는 훌륭한 기술을 가지고 있었다. 매일 그는 거울 속의 자신을 바라보며 물어보았다.

"오늘이 세상에서의 마지막 날이라면 내가 지금 하려는 일을 할 것인가?"

여러 날 동안 연이어서 자신에게 "No!"라고 대답한다면 그는 계획을 바꾸었다. 당신이 이 기술을 사용한다면 조심해야 한다. 일단 질문을 당신에게 하면서부터 모든 것이 바뀌기 때문이다.

안전지대에서 빠져나와 미지의 세계를 향해 모험을 떠나면 당신은 성장하기 시작한다. 처음에는 불편하고 어색한 느낌을 받을 것이다. 아주 좋은 신호이다! 당신이 성장하며 앞으로 전진하고 있다는 실질적인 신호이다. 두렵고 의심스러워도 행동으로 옮겨라!

다음 질문에 답해 보라 ───────────

• 안전지대에서 빠져나가기 위해 당신은 어떻게 도전할 것인가? 한 단계씩 해야 한다는 사실을 명심하라!

• 당신을 불편하게 만드는 일 중 지금 당장 할 수 있는 것이 있는가?

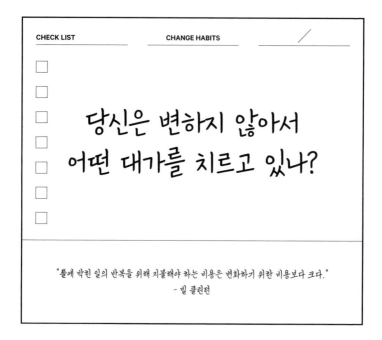

CHECK LIST   CHANGE HABITS

☐
☐
☐
당신은 변하지 않아서
☐
어떤 대가를 치르고 있나?
☐
☐
☐

"틀에 박힌 일의 반복을 위해 지불해야 하는 비용은 변화하기 위한 비용보다 크다."
- 빌 클린턴

안전지대로부터 나를 밀어내는 또 다른 질문이 있다.

"행동을 취하지 않아서 너는 어떠한 대가를 치르고 있는가?"

나는 극도의 피로감을 느끼는 최악의 상태에 놓여 있었다. 물론 전 세계가 겪고 있는 최악의 경제 위기 아래 고군분투할 필요 없는 직장에서 스스로 걸어 나간다는 것은 정말 위험천만했다. 하지만 심각한 건강상 문제를 겪으면서도 계속 머물러 있기 위해 내가 지불해야 할 비용은 도대체 얼마였을까?

"고맙지만 사양하겠어, 친구! 나는 여기서 나가겠어."

그때 이후 단 한 번도 되돌아본 적이 없다. 수년 전 멕시코의 폭스바겐 지사에서 당시 인턴이었던 내게 상관이 와서는 물었다.

"마크, 나는 더 이상 어떻게 해야 할지 모르겠어. 스트레스로 붕괴되기 직전이야. 나는 3년간 해외에 파견되는 계약 상태에 있어. 내가 계약을 어긴다면 독일 본사에 실패자로 비칠 거야. 어떡하면 좋지?"

나는 상관에게 대답했다.

"들어 보세요. 건강은 당신이 가진 제일 소중한 거예요. 이 직업이 당신의 건강에 악영향을 미친다면 떠나세요. 행여 일을 계속하다 심장 마비로 죽는다면 당신에게 최악의 힘든 시간을 경험하게 했던 사람들이 찾아오겠죠. 그들은 당신의 아내와 아이가 지켜보고 있는 장례식에서 정말로 훌륭하고 아까운 사람이 먼저 떠나 유감이라고 발언할 겁니다. 제 개인적인 경험에 비추어 말씀드리면, 직장에서 우리 아버지를 가장 괴롭혔던 사람들이 아버지 장례식에서 발언하기를 원했습니다! 저는 꿋꿋이 버티며 그 후 일어나는 일들을 제 눈으로 똑똑히 지켜보았습니다. 저는 삶이 기적이고, 세상 모든 일에는 반드시 존재의 이유가 있으며, 결국 세상 모든 일들은 항상 긍정적인 결말로 끝난다는 사실을 진정으로 믿었거든요."

두 달 후 독일에서 상관의 연락을 받았다. 여전히 해외에 파견되는 계약 상태였지만, 그는 독일로 돌아가서 보다 나은 근무 조건으로 새로운 프로젝트를 맡게 되었다.

인생은 기적이며 항상 마지막에 제 힘을 발휘한다! 그러나 인생에는 당신이 지불해야 할 비용이 존재한다. 비용을 지불하고 그로 인한 결과와 함께 나머지 생을 사는 것은 당신의 결정이다.

건강해지고 싶다면 당신이 지불해야 할 비용은 운동이다. 운동하지 않아서 생기는 비용은 체중 증가이다. 시간이 더 필요하다면 지불해야 할 비용은 한 시간 일찍 일어나거나 TV를 줄이는 것이다. 미루는 습관에 따른 당신의 비용은 불안과 걱정이다. 당신의 고통에 슬기롭게 대응하라!

다음 질문에 답해 보라 ─────────────────────────

- 틀에 박힌 일상적인 일을 하기 위해 당신은 어떤 비용을 지불하고 있는가?

- [ ]
- [ ]
- [ ]
- [ ]
- [ ]
- [ ]
- [ ]

모든 것은 일시적이다

"우리는 미래를 향한 점들을 연결할 수 없다.
다만 과거로 이어지는 점들만 연결할 수 있을 뿐이다.
우리는 그러한 점들이 언젠가 미래로 연결된다는 사실을 믿어야 한다."
- 스티브 잡스

모든 것은 일시적이다. 우리 인생에서 경험하는 모든 승리와 패배, 기쁨, 슬픔 들은 그저 스쳐 지나갈 뿐이다. 오늘 가장 중요해 보이는 일도 한 달이나 석 달 후에는 더 이상 중요하지 않다. 오늘 재앙처럼 느껴지는 일도 석 달 후엔 훌륭한 배움을 주는 교훈이 된다.

나는 대학을 갓 졸업한 후 9개월이 넘는 기간 동안 실직 상태로 있었다. 도대체 몇 군데나 지원했는지 기억도 못 할 정도로 많은 회사에 지원했지만 모두 거절당했다. 그때 친구들은 모두 나를 불쌍히 여겼고, 특히 누구보다도 나 자신이 불쌍하게 여겼다. 그럼에도 마음 깊은 곳에서는 '모든 거절은 더 나은 무언가가 나를 기다리고 있기 때문'이라는 생각이 들었다.

결국 나는 다양한 문화와 해변, 환상적인 기후, 훌륭한 축구팀, 1년에 약 300일이나 되는 화창한 날씨(당시에는 중요했던 요소)를 자랑하는, 세계에서 제일 아름다운 도시 중 하나인 바르셀로나에서 일을 하기 시작했다. 나를 대하는 친구들의 생각은 불쌍함에서 곧바로 부러움으로 바뀌었다. '불쌍한 마크'에서 '행운아!'로 바뀐 것이다.

조금 더 편안함을 가지고 냉정하게 인생을 바라본다면 불행도 그저 지나가는 사건 중 하나라는 사실을 깨닫게 된다. 러디어드 키플링은 환상적인 시 〈만약ɪꜰ〉에서 이렇게 노래했다.

"만일 승리와 재앙을 만난다면 두 협잡꾼들을 똑같이 취급하라. …… 너는 지구의 소유자이고, 세상 모든 일들은 그 속에 담겨 있다. 더 중요한 것은 이제 너도 어른이 될 거라는 사실이다, 아들아!"

당신이 원하는 일에 주의를 집중하고 계속해서 앞으로 전진하라. '6개월 뒤에 우리는 그 일을 두고 웃게 될 것이다!'라는 말을 알고 있는가? 지금부터 웃어 보면 어떤가? 이 격언으로 인해 나는 국제경영학 과목을 통과할 수 있었다.

내 기억으로는 시험이 완전히 끝나기까지 아직 오랜 기간이 남았지만 그날 시험까지는 단 몇 시간밖에 남지 않은 새벽 3시였다. 나는 친구 조지와 함께 학교 기숙사에서 완전히 녹초가 되어 무너지기 직전이었다. 시험에 떨어지면 대학을 그만두거나, 더 나쁜 상황이 되어 학교에서 쫓겨날지도 몰랐다. 그때 조지는 웃으며 내게 말했다.

"마크, 6개월 뒤에 우리는 오늘 밤을 추억하며 웃고 있을 거야!"

이제 거의 20년 세월이 흘렀지만 우리는 여전히 그날을 생각하며 웃는다. 이 기술을 활용해 보라! 내가 도움을 받은 것처럼 당신도 도움받기를 바란다!

실행 단계

인생에서 힘겨웠던 시간들을 떠올려 보고, 어떻게 헤쳐 나왔는지 생각해 보라. 아마 얼마 지나지 않아 긍정적인 무언가를 발견할 것이다. 다음은 인생을 도표화하는 방법이다.

❶ 태어나서부터 지금까지 인생의 연대표를 작성한다. 전체든 짧은 기간이든 상관없이 인생에 변화를 주었던 핵심적인 사건에 밑줄을 긋는다.

❷ 중요한 순간이나 성공은 연대표 위에 작성한다.

❸ 힘겨웠던 일과 비극적인 사건, 실패에 관한 것은 연대표 아래에 작성한다.

❹ 연대표 아래의 사건들을 살펴보고 긍정적인 효과를 연대표 위에 작성한다. 예를 들어 누군가 당신이 있는 곳 근처에서 죽었다고 하자. 긍정적인 효과는 당신이 인생에 좀 더 많은 가치를 부여하게 되는 것이다. 당신이 직장에서 해고를 당한다면 지금보다 나은 직업을 가질 기회가 주어진 것이다.

❺ 연대표를 면밀히 살펴본다.

☐
☐
☐
☐
☐
☐
☐

코치의 도움을 받아라

> *"당신 자신을 잘 활용하라. 당신에게 모든 것이자 유일하기 때문이다."*
> *- 랄프 왈도 에머슨*

비즈니스계에 커다란 영향을 미친 이후 코칭하는 직업도 생활 지도의 형태로 점점 유용성을 더해 가고 있다. 많은 사람들은 무언가 잘못되어야 코치를 고용한다는 그릇된 개념을 가지고 있다. 하지만 에릭 슈미트와 같은 리더들은 현재의 생활을 훨씬 잘 영위하기 위해, 또는 자신들의 아이디어를 여러 방향으로 검토할 때 원칙을 지켜 주는 중립적이고 객관적인 파트너를 얻기 위해 코치를 고용한다.

코치는 인생에서 당신이 진정으로 원하는 것이 무엇인지 **명료하**게 파악하도록 도와준다. 정상적으로 당신이 멈추더**라도** 계속해서 앞으로 나아가도록 격려해 준다. 혼자 힘으로 더 나은 태도를 가지고 더욱 보람된 일을 하도록 밀어 준다. 보다 쉽고 빠르게 결과를 도출하고, 두려움을 극복해 효과적으로 의사소통을 하게 한다. 보다 빠른 개인적 발전을 경험하게 하고, 스스로를 파괴하는 행위를 극복하도록 만든다. 당신의 진정한 목표를 찾게 하며, 진실된 가치에 맞추어 살도록 도와준다.

코칭 과정이 진행되는 동안 당신은 스스로 인생에 모든 책임을 지고 결정 내리는 법을 배운다. 코치의 지도를 받으면 당신은 한 팀이 되어 목표에 집중함으로써 혼자 하는 경우보다 많은 성과를 달성하는 놀라운 결과를 얻는다. 코치 덕분에 갖게 된 책임감으로 인해 좀 더 많은 행동을 취하고, 더 크게 생각하며, 동시에 업무도 성공적으로 해 나가게 된다.

코치는 당신이 보다 나은 결정을 내리게 도와주는 방법을 알고 있다. 최고의 목표를 설정하고, 생산성을 최고로 높일 삶을 재구성하도록 도와준다. 코치의 지도를 받으면 당신은 최고의 효율을 얻기 때문에 확실히 도움이 된다. 코치는 당신에게 맞는 최선의 해답을 찾게 도와주며, 그 과정에서 당신을 지원해 준다.

코칭은 규칙적으로 열리는 기간 중에 대개 전화를 통**하**거나 직접 만나 30분에서 60분 동안 진행된다. 매 기간 동안 코치와 의뢰인은 의뢰인의 목표를 위해 노력한다. 선택 조**건**들을 만들어 내고, 의뢰인의 다음 단계를 위한 행동 계획을 수립한다. 의뢰인의 목표를 향해 진행되는 동안 코치는 의뢰인의 개인적인 발전을 위해서도 노력한다.

대부분 코치들은 보충 상담 시간을 제공한다. 이를 통해 당신과 코치가 서로를 알게 되고, 함께 편안한 마음으로 일할 수 있는지를 확인한다.

코칭 관계에 있어 공감대는 상당히 중요하다. 물론 코칭받은 내용이 효과를 제대로 발휘한다는 보장은 없다. 당신의 성공은 오로지 당신 자신에게 달려 있다!

내 경험에 의하면, 코칭 과정에 참여한 의뢰인들은 최선을 다해 전념하고, 조언받은 대로 행동으로 옮기며, 결국에는 노력한 만큼의 성공을 맛본다. 이 점이 내가 30일간 코칭을 받고도 효과가 없으면 환불을 보장해 주는 이유이다(몇 가지 기본적인 규칙을 기반으로 하지만). 코칭을 받아 보고 싶으면 주저하지 말고 코치를 찾기 바란다.

- [ ]
- [ ]
- [ ]
- [ ]
- [ ]
- [ ]
- [ ]

바로 지금이다

"과거에 집착하지 말라. 미래도 꿈꾸지 말라.
지금 이 순간 자신의 마음에 집중하라."
- 부처

세상 대부분 사람들의 생활 방식은 언제나 크게 다르지 않다. 우리는 인생의 커다란 즐거움을 추구하느라 너무나도 바빠서 소소한 행복은 잊고 산다. 운동하고, 뭔가 새로운 것을 배우며, 하고 싶었던 일을 하고, 가족과 함께 시간을 보내는 등 당신은 언제쯤 자신을 위한 삶을 살아갈 계획인가? 내일? 다음 주? 다음 월요일? 다음 달? 복권에 당첨되면? 다른 직업을 얻으면? 다음 프로젝트가 끝나면?

당신에게는 지금 당장 해야 할 다른 많은 일들이 존재한다는 사실을 나도 잘 알고 있다. 당신에겐 단지 시간이 부족할 따름이다! 많은 사람들이 너무나도 늦게 인생의 참 의미를 깨닫는다. 그리고 얼마 지나지 않아 죽음을 맞이한다. 호주의 간호사인 브로니 웨어는 죽어 가는 사람들이 가장 많이 후회하는 5가지를 뽑아 보았다.

❶ 나는 타인들이 바라는 인생이 아니라 자신에게 진실된 인생을 살기 위한 용기를 갖지 못한 것을 후회한다.

❷ 나는 너무 열심히 일하지 말았어야 했다.

❸ 나의 감정을 표현할 용기가 있었더라면 좋았을 것이다.

❹ 친구들과 계속 연락하고 지냈더라면 좋았을 것이다.

❺ 나를 위해 행복한 삶을 살았더라면 좋았을 것이다.

더 이상 기다리지 말라. 당신의 인생을 충만하게 살라. 지금 당장! 실패는 단지 교훈일 뿐이다. 당신에게 닥치는 문제들은 성장할 기회이다. 당신이 항상 원했던 일을 하라. 더 이상 미루지 말라. 인생과 싸우지 말라!

"언젠가 당신이 깨어나 보면 그토록 바라던 일을 할 시간은 더이상 남아 있지 않다. 지금 당장 시작하라."

파울로 코엘료의 말처럼 인생을 살아가라. 위대한 스티브 잡스는 말했다.

"자신이 곧 죽는다는 사실을 기억하는 것은 지금까지 경험해 온 인생에서 가장 큰 선택을 하도록 도와주는 중요한 도구이다. 외부적인 기대, 자부심, 부끄러움이나 실패에 대한 두려움 같은 모든 것이 죽음 앞에서는 사라지고 오직 진정으로 중요한 것만 남는다. 자신이 죽는다는 사실을 기억하는 것은 당신이 잃을 것이 있다는 생각에 사로잡히는 상황을 피하게 해 주는 좋은 방법이다. 당신은 이미 벌거벗었다. 당신의 마음을 따르지 않을 이유가 없다.

아무도 죽기를 바라지 않는다. 심지어 천국으로 가기 원하는 사람들조차 죽기를 원하지 않는다. 그럼에도 죽음은 우리 모두가 공유하는 목표이다. 아무도 지금까지 죽음을 피하지 못했으며, 그것이 죽음이 존재하는 방식이다. 죽음이란 삶이 만들어 낸 최고의 발명품이기 때문이다. 죽음은 삶을 변화시키는 대리인이다. 새로움을 위한 길을 만들기 위해 낡은 것을 없애 버린다."

하루하루는 당신이 원하는 목표에 가까이 다가갈 기회를 제공해 주며, 최종적인 결과에도 기여한다. 이러한 기회를 흘려보내지 말라. 당신의 인생을 바꾸는 것은 몇 개월이나 몇 년씩 걸리지 않는다. 한 단계씩 매일 바꾸어 나가는 것이다. 바로 지금 시작하라! 변화의 결과는 몇 개월이나 몇 년 후에 알게 될 것이다.

당신에게 은혜를 베풀어 현재를 살기 시작하라. 아이가 자란 이후나 당신이 다음 프로젝트를 완성한 후, 또는 새로운 자동차를 구매한 이후나 새로운 집으로 이사한 후, 당신이 더 좋은 직업을 가지고 난 이후에는 안 된다. 시간이 없다고 말하면서도 일주일에 30시간이나 TV 앞에서 보내거나, 비디오 게임을 하거나, 술을 마시는 사람들 중 일부가 되지 말라.

당신이 늘 원해 왔던 일을 하라. 지금 당장 계획을 세워라!

실행 단계 ─────────────────────────

당신이 늘 원했던 일의 목록을 5개 작성하고 날짜를 정하라.

❶   날짜:

❷   날짜:

❸   날짜:

❹   날짜:

❹   날짜:

이러려고 열심히 계획 세웠나
자괴감 들고 괴로운 당신이 봐야 할 습관책

초판 1쇄 인쇄 2017년 11월 13일
초판 1쇄 발행 2017년 11월 20일

지은이 마크 레클라우
옮긴이 김성준

펴낸이 박세현
펴낸곳 팬덤북스

기획위원 김정대·김종선·김옥림
편집 김종훈, 이선희
디자인 심지유
영업 전창열

주소 (우)03966 서울시 마포구 성산로 144 교홍빌딩 305호
전화 070-8821-4312 | **팩스** 02-6008-4318
이메일 fandombooks@naver.com
블로그 http://blog.naver.com/fandombooks

등록번호 제25100-2010-154호

ISBN 979-11-6169-028-5 03320

＊이 책은 《끝까지 가는 30일 습관법》의 개정판입니다.